U0109113

陸上絲路百科

吳志遠 著

中華教育

目 錄

寫在前面的話

中華文明歷史悠久、源遠流長，是世界文明的重要組成部分。早在遠古時期，生活在歐亞大陸上的先民就有了交往和聯繫。我們的先祖們篳路藍縷，嘔心瀝血，翻越崇山峻嶺，跨過大江沙漠大河，開闢了舉世聞名的絲綢之路。

絲綢之路包括陸上絲綢之路、海上絲綢之路和草原絲綢之路，其中陸上絲綢之路最為著名。陸上絲綢之路起源於西漢時期，亞歷山大的東征開闢了地中海沿岸到達中亞、西亞的交通。漢武帝派出張騫出使西域，並逐漸開闢出以首都長安為起點，經過河西走廊，通過天山，到達中亞和西亞，歐亞大陸上出現的一條貫通東西的大道。絲綢成為這條路上的重要商品，驍勇善戰的羅馬軍團在第一次見到中國絲綢製作的旗子時，居然喪失了戰鬥力；凱撒大帝和埃及女王穿着鮮豔的絲綢，成為宮廷社會競相模仿的潮流；中世紀的法國宮廷中，中國絲綢是最昂貴的物品之一。因此德國地理學家李希霍芬在其巨著《中國 —— 親身旅行的成果和以之為根據的研究》一書中，第一次使用了「絲綢之路」這個概念，為世界所熟知。

到底甚麼是李希霍芬概念上的「絲綢之路」，絲綢之路的範圍有多廣，漢代為甚麼要鑿空西域，連接這麼一條重要的道路；絲綢之路是只有一條筆直的道路嗎，穿越陸上絲綢之路會遇到哪些危險，我們的先人們又是怎樣克服的；玄奘法師西行求法又與絲綢之路有甚麼樣的聯繫；唐朝長安為甚麼成為一座國際化的大都市；胡餅和麵條、葡萄怎樣成為我們中國人喜愛的食物；陸上絲綢之路在甚麼時候開始衰敗，又是如何向海上絲綢之路轉移的？這些都是我們要探尋的內容。

2013年9月和10月，習近平主席在哈薩克、印度尼西亞分別提出了「一帶一路」的倡議，「一帶一路」與陸上絲綢之路、海上絲綢之路有甚麼樣的

聯繫；古道上的駝鈴聲聲，被巨大的「鋼鐵駝隊」所代替，為甚麼說我們真正實現了「坐地日行八萬里，巡天遙看一千河」的願望？帶着這些思考，讓我們一起走進歷史的長卷，去領略歷史風采，感受大漠風沙，體會篳路藍縷，感受民族復興！

第一章

絲綢之路溝通東西方

絲綢之路是一條橫貫歐亞大陸、溝通東方與西方的交通道路。西方人最早對於中國的印象，就是盛產絲綢的神祕東方國度。中國的絲綢在大約公元前4世紀，也就是春秋戰國時期開始傳入歐洲，受到了各國貴族的青睞。絲綢製品順滑的質感和精美的圖案使西方人為之傾倒，成為只有歐洲上流社會才能消費的奢侈品。絲綢的價格不斷上漲，一度與黃金相等。中西方商賈爭相販賣，使得絲綢逐漸成為中國古代國際貿易之路上運銷最遠、價格最高、獲利最豐的商品。絲綢之路也因此聞名於世。

千百年來，中西方商人們在這條路上往來頻繁，將中國的絲綢、瓷器、茶葉等商品運往西方，帶回**汗血寶馬**、葡萄、石榴等中國沒有的物產。在往來貿易的過程中，中國的辭賦、詩歌、繪畫等文化符號向西方傳播，西方的音樂、舞蹈等藝術形式也同時影響着中國。隨着交流程度的加深，西方人在學習中國農耕、手工業技術的同時，中國人也在借鑒西方的天文、曆法、醫學等成果，中西方科技、文化也通過這條道路得以相互交融傳播。雖然歐亞人民膚色各異、語言難通，但是他們都有着對於精神世界的追求。在文化交流的過程中，西方的宗教也逐漸流傳至中國。佛教、伊斯蘭教、基督教等西方宗教形式，結合本土的儒、道、巫等思想，逐漸發展成中國特有的民間信仰。可以說絲綢之路不僅僅是一條商貿之路，還是一條溝通歐亞各國的文化之路、藝術之路、宗教之路。絲綢之路是世界上最早的國際貿易之路，中國也正是通過這條道路對世界產生了深遠的影響。駝鈴叮咚，是對絲綢之路繁華最動人的讚歎；長河落日，是失落歷史中最美麗的畫卷。

汗血寶馬，學名阿哈爾捷金馬，原產於土庫曼。傳說這種馬會從肩膀附近流出像血一樣的汗液，故稱「汗血寶馬」。

一 美麗的絲綢之國

　　中國是世界上公認最早織造絲綢的國家，傳說其歷史可以追溯到黃帝時代，最早教民養蠶繅絲的人是**黃帝**的妻子嫘祖。關於嫘祖教民養蠶**繅絲**，有一個美麗的神話故事：

　　傳說黃帝在涿鹿之戰中戰勝蚩尤後，成為炎黃部落聯盟的首領。他帶領民眾發展農業種植，馴養家畜，冶煉金屬用以製造工具。而他的妻子嫘祖，負責製作衣冠的工作。最初，嫘祖帶領部落內其他女性採剝樹皮，編織麻網，還把各種野獸皮毛剝下來，作為製作衣服的原料。但是用樹皮麻網製作的衣服質地粗糙，穿起來很不舒服，獸皮又不易獲得，都不是理想的製衣原料。為此，嫘祖悶悶不樂，久而久之，竟然病倒了。大家想方設法為她治療，哄她開心，但是始終無濟於事。

　　一天，部落中的幾名女性決定上山採摘野果給嫘祖吃。她們天未亮就出發，走遍大小山嶺，摘了許多稀奇古怪的果子。傍晚，她們在一片桑樹林中發現了一種白色的小果子，圓圓胖胖的十分可愛。她們以為找到了新鮮的水果，於是都沒顧得上嚐一口，就急急忙忙摘下來了。天黑後，她們懼怕野獸，於是匆匆忙忙地下山去了。回到部落後，她們邀請其他人品嚐，可是這種白色小果沒有味道，並且怎麼也咬不動。正在大家面面相覷、不知所措之際，嫘祖走了過來。她詢問了這些白色小果是從甚麼樹上摘的，又思索了半天，然後高興地對周圍女子說：「這不是果子，不能吃，但卻有大用處。你們為部落立下了一件大功。」嫘祖開心之餘，病情逐漸好轉，於是她親自帶領婦女們上山，仔細觀察結出白色果子的桑樹林，最後終於弄清了真相。原來，這種白色小圓

黃帝

繅絲是製絲過程的一個主要工序。根據產品規格要求，把若干粒煮熟繭的繭絲離解，合併製成生絲或柞蠶絲。

球並不是果子，而是蠶繭，是野蠶吐的絲纏繞而成的。嫘祖發現這種蠶絲又光滑又有韌性，用它織成的衣料既結實，穿起來又舒服。於是，最早的絲綢製品產生了。從此之後，嫘祖帶領民眾養蠶繰絲，中國絲綢的歷史從這裏開始。

傳說雖然不可盡信，卻有一定的歷史依據。據史料記載，黃帝和嫘祖生活的時代是新石器時代。關於新石器時代，其最有代表性的特點就是使用磨製石器（與舊石器時代相區別）。根據考古發掘證實，中國養蠶繰絲的歷史確實能追溯到新石器時代。在這一點上，傳說和考古實物得到了互相印證，足以證明中國絲織歷史的久遠。河南滎陽仰韶文化時期的青台遺址中，發現了蠶桑絲織物遺跡，浙江良渚文化遺址中也發現了絲綢殘跡。事實上，養蠶繰絲技術的發明並非嫘祖一個人的功勞，而是那個時代民眾智慧的結晶。要知道，將野生蠶馴養成家蠶需要一個漫長的過程，在這個過程中的所有失敗作品，都會成為養蠶繰絲技術逐漸成熟的寶貴經驗。嫘祖的形象塑造，是母系社會逐漸向父系社會轉變的象徵。

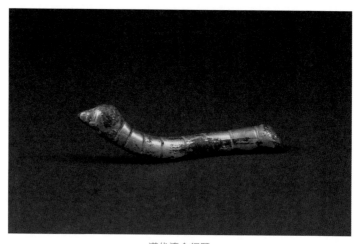

漢代鎏金銅蠶

　　中國的絲綢製作精良、品種繁多。絲綢富有光澤，手感順滑、輕柔適體，是高級的服飾材料。中國自古便以絲綢聞名於世，古羅馬時期，中國被稱為「賽里斯」（Seres），意為「絲國」。傳統絲綢以蜀錦、宋錦和雲錦最為著名。蜀錦產於四川成都一帶，色彩鮮豔，圖案精美。宋錦是宋代開始流行的錦緞品種，主要產於蘇州、湖州、杭州一帶，常用於製作團扇、禮盒等。雲錦產於南京一帶，因其圖案美麗，彷彿五色彩雲而聞名。

　　中國絲綢織造的歷史較為久遠，幾千年以來，絲綢都是中國對外貿易中最為重要的商品。尤其在明清時期，絲綢、茶葉和瓷器成為對外貿易的重要商品。在東南亞和地中海地區，中國生產的絲綢甚至可以成為一般等價物，扮演了貨幣的角色。而在距今六千多年的新石器時代，中國人便開始了養蠶、取絲、織綢。到了商代，絲綢生產已經粗具規模並具有較高的工藝水平，絲織匠人已能夠製作較為複雜的織機並掌握了較高的織造工藝。商代甲骨文中有不少關於桑、蠶、絲、帛之類文字的記載，安陽殷墟出土的青銅器中也能見到與絲綢相似的細紋痕跡。

　　西周至戰國時期，絲綢生產遍及全國，並逐漸形成臨淄（今山東淄博）、陳留、襄邑（今河南睢縣）等絲織中心，南方楚、越地區的絲織業也很發達。絲綢的花色品種也豐富起來，主要包括錦和綺。錦是一種染色後的絲織物，《詩經》中屢見「錦」字，說明織錦工藝在西周時期就出現了。綺是一種帶有斜紋裝飾的絲織品，現代出土的周代文物中常見到綺紋痕跡。錦和綺的出現在中國絲綢史上具有里程碑式的意義，這些織造工藝將蠶絲的優良質地和古代美術結合起來，使得絲綢不再僅僅是高貴的衣料，而是成為精緻的藝術品。這一進步使得中國絲綢產品的文化內涵和工藝價值大大

穀，占稱質地輕薄纖細透亮、表面起皺的平紋絲織物為穀，也稱縐紗。

提升，深刻影響了後世絲綢工藝的發展。除了錦和綺，戰國時期還出現了紗、穀、羅等輕薄柔軟的絲織品種類。

到了秦漢時期，絲織業得到了充分發展。隨着漢代與周邊地區的深入交流，絲綢的貿易輸出達到了空前繁榮的地步。漢代絲織技術水平高超，複雜的提花織機在這時已基本定型。在中原傳統絲織中心之外，蜀地（今四川）成為優質絲綢的重要產地。據歷史文獻記載，漢代的絲綢品種已有十餘種之多。國家設立官織室，由專員管理絲綢業的生產。貿易方面，由政府組織進行大規模的國內外絲綢貿易。在國內，絲帛開始成為賦稅徵收的主要物品之一。漢武帝元封四年（公元前107年），國家稅收中帛的數量達到五百餘萬匹，彩絹、綢緞更成為與匈奴貿易的熱門商品。貿易的推動

漢代絹底平繡人物像

使得中原和邊疆，漢代和周邊鄰邦的經濟、文化交流進一步發展，從而形成了著名的「絲綢之路」。這條道路從長安（今陝西西安）出發，經甘肅、新疆一路向西，連通中亞、西亞各國，最終抵達歐洲。

　　魏晉南北朝時期的戰亂與分裂割據，對黃河流域的經濟造成嚴重破壞，但是這一時期國內的絲綢生產未見停滯。當時全國有19個州出產絲綢，蜀地出產的蜀錦是最受歡迎的品種。三國時期諸葛亮北伐中原時曾說：「今民困國虛，決敵之資，惟仰錦耳。」就是說絲綢已成為蜀國最重要的財政來源，其軍費開支大部分來源於銷售蜀錦的收入，足以看出絲綢業在蜀國的經濟支柱地位。兩晉時江南的絲織業發展尤為迅速，為後代江南絲綢生產領先全國奠定了基礎。這一時期，絲綢在國家財政上的地位也更為重要，賦稅徵收均以絹帛作為標準，甚至將其作為貨幣進行流通。到了隋代，中國蠶桑、絲綢業的重心已經逐漸轉移至長江流域。

漢代彩繪織錦包裹竹編針黹盒

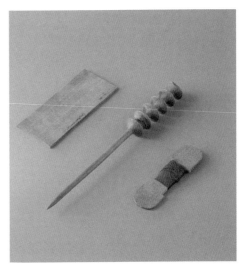

漢代紡線錠、纏線板

　　唐朝以其開放、宏博、多彩的特點聞名於世，而絲綢生產更是中國歷史上的鼎盛時期。唐代絲綢的產量、品質和品種都達到了前所未有的水平。唐玄宗開元年間，全國有87個州、郡能夠進行絲綢生產，其中絲織業水平居於首位的是中原地區。安史之亂後，北方經濟瀕臨崩潰，民眾大量南遷，江南絲織業因此得以快速發展，中國的經濟重心進一步南移。與前代相比，唐代絲綢的生產結構更加完備，分為宮廷手工業、農村副業和獨立手工業三種，規模較前代大大擴充。絲綢的對外貿易也得以充分發展，不但「絲綢之路」的通道由原來的西北一條增加至西北、西南、海上三條，而且貿易的頻繁程度空前高漲。絲綢的生產和貿易為唐代經濟的繁榮、國際地位的提升做出了巨大的貢獻。

　　兩宋時期，隨着桑蠶養殖技術的進步，中國絲綢產業一度十分輝煌。不但絲綢的花色品種有明顯增加，出現了宋錦、飾金織物等獨具特色的新品種，而且對蠶桑生產技術的總結和推廣也取得了很大的突破。沈括《夢溪筆談》、陳敷《農書》等著作均將該時期的桑蠶技術進行總結。杭、潤（今江蘇鎮江）、湖、亳、相（今河南安陽）、梓（今四川三台）、婺（今浙江金華）諸州都成了享譽全國的絲織中心。由於南北絲綢技術進一步交流，宋代絲綢的種類、產量和色澤都較前代有大幅增加，並將絲綢中的上品——**「綾」**定為官服之用，除了原有的仙紋綾、越綾、白綾、白編綾、方紋綾、狗蹄綾、柿蒂綾、寺綾等，又增加了梓州的白熟綾、白花綾，蓬州（今四川儀隴）的綜絲綾，閬州（今四川閬中）的蓮綾，荊州的方紋綾，宣州（今安徽宣城）的熟線綾等品種。而「織羅」在宋代更是大名鼎鼎，成為當時著名的織物。成都的大花羅，蜀州（今四川崇州）的春羅、單絲羅，婺州的暗花羅、含春羅，江邊貢羅、東陽花羅、越州越

綾是斜紋地上起斜紋花的中國傳統絲織物，是在綺的基礎上發展起來的。綾光滑柔軟，質地輕薄，用於書畫裝裱，製作襯衫、睡衣等。

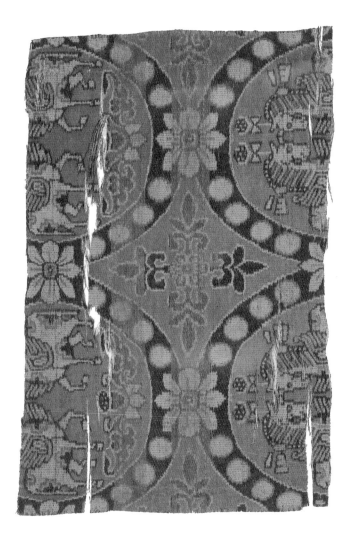

唐代朱紅地對馬紋織錦

宋代《報父母恩重經變》絹畫

羅，還有潤州和常州的孔雀羅、瓜子羅、菊花羅、寶相花羅、春滿園羅等都受到了海外的高度讚譽。

　　元代由於官府把控嚴格，民間絲織業發展緩慢，持續了上千年的絲綢產業輝煌不再。明清時期是中國絲綢生產和貿易的黃金時期。由於種植桑樹、蠶絲織造技術的進一步改進，絲綢的產量與日俱增。這時的絲綢已不是僅供富貴人家所用的奢侈品，商人、士子等普通民眾也能消費得起了。絲織品一方面向精美華麗的錦、緞、絨發展；另一方面也注重實用性，向結實耐用方向發展。繭綢和小綢，就是明清時期生產出供應民眾所需的廉價絲綢製品。蘇州、杭州、金陵（今江蘇南京）、成都等地以錦、緞著稱，漳州、泉州以絨聞名，湖州、潞州（今山西長治）則以綢和花綢為人稱道。明代中後期，官營絲織業逐漸衰落，宮廷所需絲織品改由民間織戶領織，或從市場上直接購買。民間絲織業因此迅猛發展，絲綢市場十分活躍。絲織品的市場規模逐漸擴大，出現了大型絲商和包買商，他們資金雄厚，富可敵國。明清兩代絲綢生產的商品化日趨明顯，絲綢的海外貿易空前繁榮。晚清故步自封的封建經濟制度阻礙了生產力的發展，中國絲綢業在苛捐雜稅和外國產品傾銷的雙重打擊下黯然失色。

　　中華人民共和國成立後，絲綢業進入了一個新的歷史時期。從1980年到1990年的十年間，中國生絲產量從3.6萬噸上升至5.7萬噸，增長了58%；絲織品的產量增長了2倍多；絲織品消費量也從4億米增長到了12.2億米，增長了205%；出口的生絲佔世界生絲貿易量的80%以上，綢緞也佔50%左右。改革開放40年來，中國又重新取得了在世界絲綢市場上的主導地位，絲綢業逐漸成為國家的創匯支柱產業。

二 絲綢之路名字的誕生

李希霍芬

「絲綢之路」的名稱可謂家喻戶曉，但其實它是一個「舶來品」。這個名稱是由一個德國學者於19世紀70年代提出的，他的名字叫費迪南·馮·李希霍芬。這個人是大名鼎鼎的地理學家、地質學家，他提出的「絲綢之路」的概念，正是建立在他在中國等地長期考察的基礎上。李希霍芬早年曾經從事歐洲的區域調查，長期在南亞、北美等地旅行。而其最大的成就，則是在中國多次進行的地質和地理的考察。李希霍芬於1868年9月至1872年5月到中國進行為期四年的考察，並走遍了大半個中國。回到德國後，他發表了五卷帶有地圖的《中國——親身旅行的成果和以之為根據的研究》。在這一書中，李希霍芬將公元前114年至公元127年近兩個半世紀內開闢的，通過西域將中國與中亞以及印度連接起來的古代絲綢貿易道路命名為「Seidenstrassen」，英文名為The silk road。之後，「絲綢之路」一詞在世界範圍內被廣泛使用。

此後，絲綢之路的名稱漸漸被學界和大眾所接受，從而成為使用頻率最高的描述古代中西方貿易之路的名稱。但是，歷史上絲綢之路的概念與我們現在的概念有很大出入，絲綢之路的名稱也在不斷地變化。古絲綢之路共有三條通道，分別為西北通道、西南通道和海上通道。千百年來，這三條主要通道逐漸發展完備，共同組成了舉世聞名的絲綢之路。

（一）西北通道

中原向西北通商的道路自古有之，但有文獻明確記載的

則是漢武帝時張騫奉命出使西域所開通的道路。**司馬遷**《史記·大宛列傳》稱其為「鑿空」，意為打通前所未有的通往西域的道路。他認為，自張騫出使西域之後，才有了能夠溝通中西的貿易通道。班固的《漢書》中將張騫通西域開闢的一條出隴西、經匈奴、西至大宛（今費爾干納盆地一帶）、康居（今哈薩克南部）、大月氏（今阿姆河北岸）的中西交通道路，稱為「西域道」「外國道」「空道」和「孔道」等。此外史籍中還記載有許多其他描述絲綢之路西北通道的概括性名稱，如西路、西域之道、朝貢之路、朝貢道、貢道、諸藩貢道、西域貢道等。絲綢之路西北通道的歷史由此而來，西北通道也是開闢最早，沿用時間最為久遠的中西方貿易通道。

司馬遷

司馬遷（公元前145年或公元前135年－？），字子長，生於龍門（今陝西韓城南），西漢史學家、散文家。他創作了中國第一部紀傳體通史《史記》，為「二十四史」之首，被後世尊稱為史聖、太史公。

（二）西南通道

絲綢之路的西南通道由中原通向四川，經貴州、雲南、西藏等地進入緬甸、越南、老撾、印度等東南亞、南亞國家。蜀地通往身毒（古印度）、大夏（古印度西北部國家）的道路稱為「身毒國道」「大夏道」「天竺道」等。安南（越南）進入內地的通道稱為「安南貢道」或「貢路」；南掌（老撾）入內地的通道有「貢道」「傳教通商孔道」之稱。此外，中原通往雲南地區的道路被稱作「邛道」「夜郎道」「滇道」等，中原通往蜀地的道路有「陳倉道」「子午道」「斜谷道」「景谷道」「犛牛道」和「西南夷道」之名。絲綢之路的西南通道大致在三國兩晉時期逐漸形成，它溝通了中國與東南亞、南亞各國的經貿關係。

（三）海上通道

海上通道的形成時間相對晚於西北通道和西南通道，史籍對其記載多集中於宋代及以後。海上通道有東北向、東南

向和西南向之分。東北向通往朝鮮半島、日本等地。北宋時有中國通往朝鮮半島的「高麗海道」；南宋時有耽羅（今韓國濟州島）等處通往日本和大陸的「耽羅海道」。歷史上朝鮮至中國的海道一般稱為「朝鮮貢道」「陸上貢道」；日本等國入中國的海道稱為「西海路貢道」和「南海路貢道」。東南海港與西南海域通往東亞、東南亞各國之間的通道有：占城（今越南境內）到真臘（今柬埔寨境內）的海道；層檀國（東非沿岸的桑給巴爾）到廣州的層檀國海道；暹羅（今泰國）到中原的暹羅貢道；蘇祿（今菲律賓西南群島）到中國的蘇祿貢道。海上通道的開闢使得絲綢之路的影響範圍大大增加，中國因此得以與東亞、東南亞、南亞各國甚至非洲東海岸國家進行貿易交流。

千百年來，東西方的往來貿易與文化交流在這三條通道上持續進行着，但從未有人用「絲綢之路」的名稱來稱呼它們。直至李希霍芬的出現，才為這條溝通中西方貿易，促進古代文明交流融合的道路取了一個美麗的名字。

李希霍芬於1833年在德國西南部的卡爾斯魯厄出生，他自幼就對地理考察十分着迷。從柏林大學畢業後，他成為一名優秀的地質學家。李希霍芬夢寐以求的事情就是前往神祕的東方世界，尋找亞洲的寶藏。1860年，普魯士政府派出一支考察隊到東亞、東南亞、南亞各國進行地質科研考察，同時要求他們儘量和中國、日本以及暹羅簽訂貿易協定，李希霍芬就在這一支考察隊伍中。然而這次考察卻未能到達他一直嚮往的中國。對神祕東方國度的好奇心驅使他幾年後踏上了中國的土地，開始了他傳奇的中國考察之旅。1868年到1872年間，李希霍芬走遍了中國18個省份中的13個，一路上更是驚險不斷。想盡一切方法完成自己的科學考察夢想。他以繪畫的形式將自己一路上的所見所聞記錄下來。從

崇山峻嶺、白雪皚皚的青藏高原到商業發達、繁華熱鬧的大
都市上海，從「風吹草低見牛羊」的蒙古高原到「小橋流水
人家」的江南諸省，李希霍芬的足跡遍佈中國。他邊走邊記
錄，畫下路過的地貌形狀和地理特徵，並從地質學的角度進
行研究，將中國各地的氣候、土壤、人文風貌等情況一一進
行研究。李希霍芬在中國多年的考察，使他成為那個時代為
數不多了解中國的歐洲人。他的著作《中國——親身旅行的
成果和以之為根據的研究》在歐洲公佈之後，曾引起西方學
術界的轟動，並徹底改變了西方人對中國的認知。

　　1877年，李希霍芬在其著作中正式提出「絲綢之路」
的名稱。他之所以用「絲綢」一詞來命名，大概是受到古希
臘、古羅馬時期學者的影響，他們富有想像色彩地將中國
描述為「絲國」。尤其是**托勒密**、馬林等人，對李希霍芬的
學術影響最為顯著。另外，在德語的命名習慣中，經常以主
要貨物的名稱來命名商路或商站，所以李希霍芬最終將中歐
之間最古老的絲綢、茶葉、瓷器的貿易之路命名為「絲綢之
路」。

托勒密

三 西方人眼中的絲綢之路

　　在西方人眼中，絲綢之路是一條神祕的、遍佈財富的
道路。為甚麼西方人對絲綢之路如此痴迷呢？主要有兩方面
原因：一方面是由於歐洲人擁有科學考察的傳統，特別是德
國人和瑞典人，近代史上的殖民擴張使他們的地質科考傳統
最為悠久；另一方面是19世紀末歐洲漢學的發展。在西方
人眼中，東方世界最為神祕的部分就是中國，古時候唯一能

夠與中國溝通交流的絲綢之路，毫無疑問地成為探索中國最好的窗口。西方人對於絲綢之路的認識，大致可以分為兩個階段。

（一）16世紀前的絲綢之路：
通往神祕「絲國」的道路

在大航海時代到來之前，中西方的貿易、文化溝通基本上是通過絲綢之路完成的。16世紀之前，西方人眼中的絲綢之路是能夠通往神祕「絲國」，並且在貿易中獲取財富的道路。西方人自古以來就對絲綢之路充滿嚮往，他們眼中的絲綢之路就是財富的象徵。古希臘史學家**希羅多德**生活在公元前5世紀，他的《歷史》一書中最早出現了絲綢之路的蹤跡。書中記載了一支從歐洲遷徙至遙遠東方的斯奇提亞人，他們居住在盛產黃金的阿爾泰山腳下，也就是今天的新疆北部。公元前7世紀至公元前4世紀，斯奇提亞人從事將黃金、絲綢、漆器、銅鏡等來自中國的物資運送到西方的貿易，他們的貿易通道是經過蒙古高原、河套平原、準噶爾盆地、哈薩克丘陵和圖蘭平原。由於這項貿易利潤巨大，所以他們將這條道路稱作「黃金之路」。古羅馬地理學家托勒密也曾記載過一條由馬其頓帝國通往「賽里斯」（中國）的商貿之路。這是西方歷史典籍中對絲綢之路最早的描述。

中世紀的歐洲戰爭頻繁，絲綢之路的歐洲段一度蕭條。這一時期從歐洲經過絲綢之路抵達中國的不再僅僅是追求黃金與財富的商人，更增加了為信仰踏上征程的傳教士。傳教士篤信在遙遠的東方存在傳說中祭司**王約翰**建立的國家，他們立志要尋找到它，並在那裏獲得精神的解脫和物質的滿足。1253年，法國國王路易九世派天主教士魯布魯克通過

希羅多德

希羅多德（約公元前480年—公元前425年），古希臘作家、歷史學家。希羅多德把旅行中的所聞所見，以及波斯帝國的歷史記錄下來，著成《歷史》一書，成為西方文學史上第一部完整流傳下來的散文作品。他也因此被尊稱為「歷史之父」。

祭司王約翰的傳說於12世紀至17世紀盛行於歐洲，內容是傳聞東方充斥異教徒的地域中，存在由一名基督教祭司兼皇帝統治的神祕國度。關於這個王國的記載，見於中世紀流行的多部虛構作品，甚至在馬可·孛羅的遊記中也提到了他。

絲綢之路出使大蒙古國。魯布魯克在完成使命後寫下了《出行蒙古記》（又名《魯布魯克東行記》），該書記載了他經絲綢之路前往中國沿途的所見所聞，真實反映了這一時期絲綢之路的通商貿易情況。隨後，鄂多立克、馬黎諾里、鄂本篤等歐洲傳教士又先後受到基督教會的委派，分別於1314年、1338年、1602年通過絲綢之路前往中國，或出使，或傳教，他們的見聞記錄加深了西方人對中國的了解。

隨着大航海時代的到來，歐洲人前往中國基本上通過更安全、更快捷的海路，絲綢之路作為中西交通要道的地位逐漸下降。這一時期前往中國的西方人，除了有貿易、傳教的任務之外，往往還帶着政治、軍事目的。16世紀以後，伴隨着「海上絲綢之路」的崛起，陸上絲綢之路進一步衰落，此時的歐洲文獻中鮮見對於「絲綢之路」的描述。

（二）17 世紀至 20 世紀中葉：
擴張之路、貿易之路和文化霸權之路

17世紀後，西方人開始對中國傳統「西域」地區進行科學考察，並逐漸由科學考察演變為對中國西北部的殖民掠奪。17世紀至18世紀的百年間，俄國人對「絲綢之路」沿線共進行了七次考察，其中最早的一次可以追溯到1654年。這一年，沙皇俄國的科考代表團團長巴伊科夫奉命出使中國，希望與清帝國形成外交和貿易關係。然而順治皇帝對身材高大的「羅剎人」並不感興趣，所以巴伊科夫的目的並未達成。但是他所撰寫的《論文目錄》記載了俄國和西方鮮為人知關於絲綢之路的知識，具有極大的科學價值。1666年，法國地理學家捷維諾讀到了巴伊科夫的《論文目錄》，並將其中關於絲綢之路的知識傳播開來，對西方世界產生了極大的

影響。俄國對「絲綢之路」的考察比後來的英、德、法等國要早得多，在巴伊科夫之後，直至19世紀之前，來到「絲綢之路」的俄國人對該地區的地理、動植物等情況進行了細緻的考察，這對俄國人在歐亞大陸上進行大肆兼併擴張有很大幫助。

19世紀下半葉，歐洲各國的科考探險隊以科學考察為名，幾乎踏足了絲綢之路上的每一個角落。客觀上來說，這種考察活動確實豐富了西方對亞洲地理知識的了解，同時也使歐洲人更加準確深入地了解絲綢之路。與古希臘、古羅馬人不同的是，此時的西方人所關注的是絲綢之路的「路」本身，也就是這一重要交通通道，而不是之前使歐洲人一直嚮往的絲綢之「國」。但是我們必須要認清的是，此時西方列強對於絲綢之路的關注與研究，大多出於其擴張地盤、商業貿易的目的。

1900年，英國探險家**斯坦因**開始了他對絲綢之路的第一次考察，也標誌着西方列強對絲綢之路上文物大肆掠奪時代的開啟。這次考察對西方各國進入絲綢之路從事考古與探險事業起到了最直接的推動作用。以敦煌莫高窟文書文物為代表的西域文化寶藏，大部分在這一時期被出賣、掠奪。西方人對於絲綢之路的積極探索，一定程度上是一種文化話語權的象徵。雖然斯坦因也承認絲綢之路在歷史上曾經是印度文明、中華文明和西方古典文明相互交流的重要通道，但是他更傾向於維護「歐洲中心論」。斯坦因十分重視在此地發掘出的西方文明傳入中國的歷史證據，意圖證明當時普遍存在的「亞洲文明起源於歐洲」的觀點。他在和田考古的過程中，發掘到了一些和古希臘或古羅馬的雕塑繪畫作品非常相像的文物，於是狹隘地認為自己在絲綢之路上發現了許多古希臘、古羅馬的神像印記。在尼雅遺址（今新疆民豐）的考

斯坦因

馬爾克·奧萊爾·斯坦因（1862年－1943年），原籍匈牙利，後入英國籍，世界著名歷史學家、人類學家，國際敦煌學開山鼻祖之一。斯坦因在中國積貧積弱、有關人員愚昧無知的情況下，用極其不光彩的欺騙手段得到敦煌遺書。

古發掘中，斯坦因認為這裏的工藝品風格受到希臘文化的影響。

除了英國學者之外，德國學者同樣認為古希臘、古羅馬文化是通過絲綢之路傳入中國的。李希霍芬堅稱塔里木盆地是中國人的發源地；**格倫威德爾**認為新疆地區是古希臘文化類型與東亞文化類型之間聯繫的唯一發現地，他在1893年出版了《印度佛教藝術》一書，影響了整個西方學界。這些假說使得德國學界開始了對絲綢之路的考古探險，他們通過考古發掘，妄圖證明絲綢之路上的寺廟雕塑、繪畫藝術，甚至於中原地區的某些文化符號都起源於西方。

19世紀末20世紀初，西方學界公認的「中國文明西來說」逐漸演化成絲綢之路傳播西方文明的學說，究其根本都是為了支撐「歐洲中心論」，為千百年來歐洲文化落後於亞洲文化尋找藉口。不同民族文化之間應當是相互交融的，但是歐洲學者始終希望證明亞洲文化的發源是被歐洲文化所壟斷的。於是，西方和日本掀起對中國西域探險的熱潮，俄國、日本、德國、英國、法國和美國等國的探險隊來西北考察探險，如法國人**伯希和**在敦煌「藏經洞」盜竊文書、日本人大谷光瑞和橘瑞超在西域的盜掘、俄國人科茲洛夫對黑城文書的盜掘、美國人華爾納對敦煌壁畫的盜割、德國人對克孜爾石窟壁畫的盜割。與此同時，也造成了中國大量珍貴文物與文獻的損壞和流失。儘管絲綢之路中的文物曾屢遭不幸，但依舊無法掩蓋它們曾經的輝煌。

雖然17世紀以來的三百年間，歐洲人對於絲綢之路的探索與研究有其狹隘的目的性，但在之前的數千年中，西方人對於絲綢之路的印象都充滿了浪漫與夢幻。在全球化的今天，絲綢之路更應該作為國際間合作共贏的紐帶，將

格倫威德爾

伯希和

保羅·伯希和（1878年－1945年），法國漢學家、探險家。伯希和於1908年前往敦煌探險，憑藉深厚的漢學功底和豐富的考古學知識，選走6000多卷寫本和一些畫卷運往巴黎，今藏於法國國家圖書館。

世界經濟與文化緊密聯繫在一起。2013年，習近平主席提出了建設「絲綢之路經濟帶」和「21世紀海上絲綢之路」的遠景藍圖。2017年5月，中國政府還舉辦了首屆「一帶一路」國際合作高峰論壇。習近平主席關於「一帶一路」的理論思想得到了更加清晰、完整的闡釋。「一帶一路」既不是「歐洲中心論」的產物，也不是限於經濟交流的通商，而是實現戰略對接、優勢互補的國際間深層次合作。對絲綢之路歷史的掌握，能夠幫助我們更好地了解這個世界。

第二章

陸上絲綢之路有幾條

　　「絲綢之路」這個詞從一出現，就被看作是一條商旅往來不斷的筆直大道，但實際上從來就不是這樣的。根據一百多年來的考古發掘看，從來沒有發現過一條具有明確標識、橫跨歐亞的人為鋪就好的大道。也就是説，我們不能把絲綢之路看作是一條明顯的、有標誌的、可量化的道路。我們主要關注陸上絲綢之路的發展情況，關於海上和草原絲綢之路，我們將在其他地方進行敍述。

　　陸上絲綢之路其實是一系列變動不定的小路和無標識的足跡。因為沒有清晰可見的路，旅人幾乎總是需要嚮導引領，路上如果遇到障礙就會改變路線。「陸上絲綢之路」其實是一個時空概念，時間上基本定於兩漢時期，空間上以西漢首都長安為起點，經甘肅、新疆到達中亞、西亞，連接地中海各國，包括南道、中道、北道三條路線。後來這條道路也被稱為「西北絲綢之路」和「沙漠絲綢之路」，以區別日後另外兩條冠以「南方絲綢之路」和「草原絲綢之路」名稱的路線。這條路不僅僅是由中國商人、波斯商人、阿拉伯商人等共同建構的一個個貨物集散地跟商路組成的巨大貿易網絡，同時也是古代世界三大文明黃河—長江文明、印度河—恆河文明、地中海文明之間交流與對話的紐帶。現在就讓我們沿着這條古老的道路，從絲綢之路北道、中道、南道去見證它的歷史，領略它的風采。

薩珊波斯銀幣

一 北道的興衰

古絲綢之路從長安到歐洲，全長7000多公里，按其行走路線可分為東、中、西三段，東段從長安到河西走廊最西端的城市敦煌，中段由敦煌經陽關、玉門關至葱嶺（**今帕米爾高原**），西段涉及範圍比較廣，由葱嶺至西亞、南亞、歐洲。由此我們也可以推斷，歐亞大陸東西方之間的整個貿易商道是很難由一批商人全程走完的，而是分段分批進行，在各個階段由當地不同的族群主導。以漢代為例，在最東方的是中國人，他們一直到達敦煌，或者更遠到達葱嶺；在最西部的是歐洲人，他們從羅馬到安息（今伊朗）；而從安息到長安，中間又是由眾多族群的商人接力完成。總體而言，在不同的時期，歐亞大陸東西方之間的文化與經濟交往以沿線各族群「接力」的方式一直在進行着，並且逐漸成為維繫東西方互動的一種歷史傳統。

絲綢之路從中段、西段開始主要分為北道、中道、南道，放到現在說也就是從新疆往西的路線分為三道。其中北道又被稱為「新北道」和「西域北道」。為甚麼這樣稱呼呢？一方面因為這條道路開闢於西漢平帝元始年間（公元1－5年），起始時間上相對於中道和南道要晚一些；另一方面經過新疆北部，主要走天山北麓，在空間上相對另外兩條路更靠北，故稱為新北道。它是從伊吾（今新疆哈密）沿天山南麓西行到七角井，北穿天山到木壘；或自伊吾翻越松樹塘大地到蒲類海（今新疆巴里坤湖），再沿天山北麓西行到木壘、吉木薩爾、烏魯木齊地區、伊犁，出國境後分為兩支，一經鈸汗（漢稱大宛）、康國（今烏茲別克撒馬爾罕）、安國（今烏茲別克布哈拉）至木鹿與中道會合再西行；一經怛羅斯（今哈薩克斯坦塔拉茲），沿錫爾河向西北行，繞過鹹

帕米爾高原，波斯語意為平頂屋，中國古代稱葱嶺，古絲綢之路在此經過。帕米爾高原地跨中國新疆西南部、塔吉克斯坦東南部、阿富汗東北部，是崑崙山、喀喇崑崙山、興都庫什山和天山交會的巨大山結，面積約10萬平方公里。

海、裏海北岸，抵君士坦丁堡（今土耳其伊斯坦布爾）。

　　北道的興起，有着諸多原因。當時的絲綢之路中道、南道皆需穿過羅布泊東北部的白龍堆和塔克拉瑪干大沙漠，沿途條件惡劣，道路艱險，夏日酷暑難耐，冬日狂風呼嘯。白龍堆是羅布泊三大**雅丹群**之一，位於羅布泊東北部，是一片鹽鹼地土台群，環境十分惡劣，途經此地的人一般已用去大部分水，若遇上數天沙暴，人就會被困住，不是餓死就是渴死。特別是每年6 - 8月，一般不會有人進入此地區。

　　塔克拉瑪干大沙漠位於新疆塔里木盆地中心，面積達33萬平方公里，是中國最大的沙漠，也是世界第十大沙漠，同時亦是世界第二大流動沙漠。黃沙茫茫，狂風肆虐，沙丘隨風綿延流動。塔克拉瑪干沙漠春季夏季氣候瞬息萬變，特別是沙暴，容易迷路並危及生命，並且晝夜溫差巨大，白天很容易把人曬傷，夜晚又極其寒冷。塔克拉瑪干在維吾爾語中的意思是「山下的大荒漠」。從古至今，被這片死亡之地吞噬的商隊和生命不計其數。近代以來，西方地理學家紛紛以穿越塔克拉瑪干沙漠作為其在中國西北的重要探險之旅。著名歷史學家、人類學家斯坦因就將其稱為「死亡之海」，並將穿越這片死亡之地的路線做了說明：以和田或墨玉作為起點，以阿克蘇作為終點；或者以阿克蘇作為起點，以和田或墨玉作為終點，進行探險意義上的穿越。20世紀90年代末，中國為開發塔里木盆地以及推動新疆南部社會經濟發展，在塔克拉瑪干沙漠地區修建了沙漠公路。

　　另外，這條北道依傍着天山，有豐美的水草，景色秀麗，氣候較適宜，進入伊犁河流域再往西，便是廣闊的中亞了。這條道路既無沙漠瀚海的赤地千里，也無葱嶺的山峰如刃，相比中道、南道有着其獨特的優勢。

　　「駝鈴古道絲綢路，胡馬猶聞唐漢風」，北道經過戰火

雅丹地貌是新疆羅布泊地區的一種特殊的地貌形態，是一種典型的風蝕性地貌。「雅丹」在維吾爾語中的意思是「具有陡壁的小山包」。「雅丹」這一專業名詞由瑞典探險家斯文赫定於1903年正式提出，逐漸為地質學工作者所接受並進行研究，迄今已有百餘年的歷史。

紛飛的魏晉南北朝，到隋唐時期已經發展成為一條重要的商貿通道，成為古代中國與中亞、西亞最重要的交通路線。

隋唐時，中國重新統一並進一步擴大了西北疆域，團結並聯合西北各民族，從而使絲綢之路北道有了穩定的發展。這條道路的使者相望於道，商旅不絕於途，北疆的戰略和貿易樞紐地位也漸漸顯現。唐太宗時期設立安西都護府，統轄安西四鎮（碎葉、龜茲、于闐、疏勒），最大管轄範圍曾一度包括天山南北，越葱嶺達波斯（今伊朗）。公元702年，**武則天**設立北庭都護府，專門負責天山以北及巴爾喀什湖以東、以南的廣大遊牧地區，較長時間保證了西域的統一，有效保障了絲綢之路的暢通。

盛唐時期造就了「絲綢之路」北道的黃金時期。也就是在這個時期，中國的造紙術和雕版印刷術開始沿着絲綢之路向西傳播，中國的文化和技術輸出達到了歷史的高峰。與中道、南道相比較，北道不僅縮短和減少東西往來的距離與里程，並可擺脫翻越葱嶺的艱險，尤其是不受波斯壟斷絲綢之路的控制，從而使生產絲綢的中國和消費絲綢最多的歐洲直接進行交往。因而絲綢之路北道的繁榮是繼漢代以來對外陸路交通發展的必然結果，也是整個陸上絲綢之路發展高峰的重要標誌。

武則天

但盛極必衰，物極必反。唐代「安史之亂」爆發後，西北邊防空虛，唐朝政府失去了對西域的控制，吐蕃軍隊佔據了西域的大部分地區，絲綢之路上局勢混亂，通行困難。「詩聖」杜甫也在一首詩中發出了「乘槎斷消息，無處覓張騫」的哀歎。安史之亂不僅僅標誌着唐代由盛轉衰，同時也是陸上絲綢之路鼎盛時期的終結。

成吉思汗統一蒙古各部後建立大蒙古國，絲綢之路再次煥發了活力。據史書記載，1219年，成吉思汗率領大軍西征

時，蒙古騎兵一路挺進，進入西北重要城鎮別失八里（今新疆吉木薩爾）境內的獨山城時，發現這座空城地處北道的咽喉要塞，卻一片荒蕪景象，城內殘垣斷壁，空無一人，於是他派駐士兵留守獨山城，重建此城。六年後，成吉思汗西征凱旋時，他驚訝地發現獨山城已經人口繁多，物產豐富，一派繁榮景象，着實欣然無比。但隨着大蒙古國的解體，元朝的分崩離析，獨山城也毀於戰事，絲綢之路又走向衰敗。此外，宋代「海上絲綢之路」繁盛以後，海路相比陸路更為便捷，而且絲綢的生產技術在當時已有其他國家掌握，絲綢不再是處在最頂端的商品，漢唐時期無比輝煌的古絲綢之路也漸漸走向了衰敗。

聊到元代就不得不提一下「草原絲綢之路」。這條路由中原地區出發，向北越過長城進入塞外，然後穿越蒙古高原、南俄草原、中亞、西亞，西去歐洲。草原絲綢之路不僅溝通了東西方的經濟、文化，同時也是連接中國長城以南地區與北方草原地區經濟、文化交往的要道。草原絲綢之路在絲綢之路歷史上也扮演了重要的角色，是中西方經濟、文化交流的產物。與陸上絲綢之路相比，草原絲綢之路分佈較為廣闊，大體上沿着水草分佈的地區行進，路線眾多。元代以來，大量山西、陝西商人，沿着草原絲綢之路，進行長距離的商貨販運。尤其是山西商人，他們沿着草原絲綢之路，經殺虎口（今山西朔州）、張家口，向歸化城（今內蒙古呼和浩特老城）、庫倫（今蒙古國烏蘭巴托）、恰克圖（今俄羅斯境內）出發，贏得豐厚的利潤，雄踞明清商幫數百年之久。

元代銅犗牛

二 最爲繁榮的中道

西漢宣帝時，絲綢之路的路線多了一條天山以北的「北道」，而漢武帝時位於天山以南的「北道」，也因此變成了「中道」。隋唐時期的地理學家裴矩在其《西域圖經》中對絲綢之路的中道有過這樣一段記錄：「其中道從高昌、焉耆、龜茲、疏勒，渡葱嶺，又經鈸汗、蘇勒薩那國、康國、曹國、何國、大小安國、穆國，至波斯，達於西海。」如果以現代的概念來說，是從哈密經吐魯番盆地的交河故城，沿天山南麓和塔里木河向西到達喀什，經塔什庫爾干出境，越過葱嶺，再向西至吉爾吉斯斯坦等國的費爾干納盆地，再與南道會合。當中，高昌、交河（今新疆吐魯番）、輪台、龜茲（今新疆庫車）、疏勒（今新疆喀什），是絲綢之路中道上的歷史名城。

漢宣帝

中道在西漢開闢的原因又有哪些呢？一方面漢初廣袤的蒙古高原和北疆草原都是被匈奴控制的，在北疆設立路線通達西域是有難度的，西漢王朝雖然強大，但也不能打到匈奴的老巢，把匈奴完全趕出西域。又因為天山南麓的雪水灌溉產生了綠洲，孕育了西域三十六國，給了中道形成的絕佳條件。張騫「鑿空」西域，連通西域諸國，開闢了這條繁盛的道路。

張騫開通西域後，歷代中央王朝相繼在西域地區設立行政管理機構，建立軍事要塞，護衛着中華帝國及與域外的交往。由於此道水土豐沃，氣候調和，又居於西域之中，中央政府往往將西域的行政中心設置於此，如漢代的西域都護府設於烏壘（輪台）、龜茲。唐代的安西都護府設於高昌、龜茲。唐代以安西都護為核心的「安西四鎮」等一系列軍政建制，是中央政府治理西域的重要舉措，護佑着絲綢之

路的往來熙攘。貞觀十四年（公元640年）唐軍打敗高昌國，在交河設置安西都護府，管理西域地區的軍政事務。貞觀二十二年（公元648年），唐廷於龜茲、焉耆、于闐（今新疆和田）、疏勒四城修築城堡，對於保護中西絲綢之路交通、鞏固西北邊防起到了十分重要的作用。

交河故城

絲綢之路雖然以絲綢命名，但其實運輸的貨物有很多種，比如瓷器、茶葉、香料、漆器以及各種奇珍異貨。絡繹不絕的中外商旅通過絲綢之路，將中國的絲綢、瓷器等傳入西方，又將西方的琉璃、珠寶、香料、藥材等奇珍異物輸入中國。同時，西域的葡萄、核桃、胡蘿蔔、胡椒、胡豆（蠶豆）、菠菜、黃瓜、石榴等也傳到中國，大大豐富了中國的飲食內容。沿途一些城市由此成為重要的商品集散地，呈現出「商胡販客，日款於塞下」的繁忙景象。

絲綢之路上不僅僅是單純物品的傳播，技術、文化、宗教等等都在這條路上遠遠地傳播出去。科學技術上如中國四大發明中的造紙術、火藥、印刷術，手工業技術如桑蠶技

術、打井技術等。這些技術的傳播，使當時的歐洲人生活產生了翻天覆地的變化。

　　隨着絲綢之路的興盛，中亞、西亞、印度等地的音樂、舞蹈藝術首先傳入新疆和甘肅地區。在與本土樂舞相互融合的基礎上，形成音律優美、舞姿婆娑的「龜茲樂」「西涼樂」等樂舞藝術，它們後來成為隋唐宮廷樂舞的基礎，並且傳到朝鮮、日本等地。此外還有視覺藝術上的交融，青花瓷正是歐亞文化融合的產物代表。明朝正德年間，青花瓷以波斯文作為圖案主題；宣德年間開始，梵文也作為裝飾性圖案附加在瓷器畫面上。

　　公元1世紀，佛教通過絲綢之路南道、中道先傳入西域各國，然後再傳入中原，在中國播下種子扎根發芽，使得中國的信仰有了更多的選擇。同時拜火教、基督教、伊斯蘭教也是通過絲綢之路傳入中國，給中國帶來了巨大的變化。

　　絲綢之路中道從甘肅的玉門關出發，途經羅布泊到哈密。哈密古名伊吾，地處天山東部，是古代中原通向西域的大門和咽喉，有「西域襟喉，中華拱衛」和「新疆門戶」之稱。漢代張騫、班超出使西域的馬隊，唐代西天取經求法的玄奘法師，元代去往中原的馬可·孛羅，以及歷朝歷代數不清的使者、商人，都曾在這裏留下不可磨滅的足跡，更不用說是絲綢之路的過客了。

　　越過哈密，中道下一站就是歷史名城高昌。唐代高僧玄奘在這裏也留下了一段故事。明人吳承恩的《西遊記》家喻戶曉，但卻很少人知道玄奘在高昌國的故事，玄奘甚至在他的巨著《大唐西域記》中也未曾提到過。我們根據高僧慧立所著的《大唐大慈恩寺三藏法師傳》發現，玄奘在西行求法的路途中，受到最大禮遇的就是在高昌國。在去高昌之前，玄奘本來準備沿着絲綢之路的北道，前往巴里坤。高昌國國

元代青花玉壺春瓶

瑣羅亞斯德教是基督教誕生之前，西亞北非地區最有影響的宗教，是古代波斯帝國的國教，是摩尼教之源，中國史稱祆教、拜火教，北魏時傳入洛陽。瑣羅亞斯德教的經典主要是《阿維斯塔》，意為知識、諭令或經典，通稱《波斯古經》。

31

西夏玄奘取經圖

王麴文泰聽到玄奘路過的消息，連夜派使臣前往迎接，請玄奘來到高昌國。玄奘到來之時已經是深夜，而國王陛下和所有重臣手持蠟燭，站在城門外迎候大唐高僧玄奘。玄奘被安排至高昌國的一間重閣寶帳中住下，國王左右侍候，親自張羅，把起居飲食安排妥當後才離開。高昌王妃又帶領大量侍女前來拜見，對玄奘禮遇有加。第二天天剛亮，國王就帶領文武百官在帳下等候拜見，並通過各種各樣的方式挽留玄奘，想讓他充當高昌這個在西域地位非常重要的佛教國家的大法師，請求玄奘永留其國。但是玄奘自有西行求法的大志向，怎麼可能留在高昌國呢？玄奘毫不讓步，明確表達了自己不會改變西行求法意志的態度，並採用絕食的方法以示心志。國王親自上陣，托起餐盤，勸說玄奘進食。玄奘連續三天三夜滴水未進，粒米未食，奄奄一息。到第四天，眼看玄奘有生命危險，國王跪下叩頭說：「法師，你要西行，你就去吧，我再也不會阻攔你了。現在只求你吃點東西」。玄奘害怕國王耍花招，要求其對天發誓。高昌國王麴文泰對天盟誓，又在母親的主持下與玄奘結為異姓兄弟。玄奘被國王的情義打動，決定留下一個月，為高昌國人民傳授佛經，並講解了佛教重要的典籍《仁王經》。高昌國王親自拿着香爐侍奉在玄奘身邊。

　　絲綢之路中道往西延伸，就是我們前面所提到的安西四鎮中的龜茲、焉耆、疏勒三鎮。在這些城鎮裏，出現了活躍的商業貿易及文化交流，商人雲集，集市輝煌，使者、僧侶絡繹不絕。唐代大詩人**岑參**的詩句「涼州七里十萬家，胡人半解彈琵琶」，也從側面描寫了當時絲綢之路中西交往一片繁榮的景象。其實絲綢之路帶來的不僅僅是幾個城市的繁榮，它促進中西方的交流，給落後的地方帶去先進文化的種子，幫助他們脫離貧困與愚昧，在當時有着更為積極的意義。

岑參

　　過了疏勒，就要出境了，然後越過蔥嶺向西行，中道又分兩條支路，一條與南道會合，一條經過波斯與南道會合。過去，漢朝為了保證絲綢之路交通的安全，解決戍邊將士的給養，曾在庫爾勒地區進行過大規模的屯田，那時輪台、渠犁（今新疆庫爾勒）一帶曾是阡陌縱橫的農業墾殖中心，但今天已經淪為一片茫茫鹼灘。歲月悠悠，絲綢之路中道很多古老的城市早已經衰敗，曾經的輝煌也都隨風而去，留給後人的只有一段段回憶。

三 通向羅馬的南道

　　正所謂「條條大路通羅馬」，羅馬城是曾經地跨歐亞非三洲的羅馬帝國的政治、經濟和文化中心，與漢朝的首都長安相隔6000多公里，中間隔着漫無邊際的沙漠、冰雪覆蓋的高山和偏僻的荒野，沿途還有強盜和野獸的襲擊。那麼，中國絲綢是如何運到歐洲的呢？正是這條西漢時期開闢的絲綢之路南道，各國商人歷經千辛萬苦，多地轉運，絲綢才能傳到如此之遠。

　　在古希臘和古羅馬人眼中，遙遠的中國有一個好聽的名字「絲國」，直譯叫「賽里斯」，意思就是「絲國」或者「絲來的地方」。羅馬帝國地跨歐亞非三洲，極為強大，政治上的統一、經濟上的繁榮，使其文化、藝術、建築等領域也都達到了一個繁榮的高峰。而彼時的東方則是中國歷史上最為強大的王朝之一的漢朝，其疆土東臨大海，西到帕米爾高原，南抵中南半島，北達蒙古戈壁，政治、經濟、文化、藝術同樣燦爛奪目。雖然相隔遙遠，但兩個強大的帝國此時有了交匯，漢朝商人通過絲綢之路，輾轉數個大大小小的國

家，多方經手將絲綢等物品出口到了當時被稱為「大秦國」
的古羅馬。

　　羅馬人對絲綢之路那端的中國充滿了好奇心，覺得十分
神祕，説「絲國」人身高近20英尺（約6米），聰明靈巧，
舉止溫厚，而且長壽，對於絲綢的製作方法尤其感到好奇。
羅馬著名學者**老普林尼**（公元23年－79年）在《自然史》中
曾以為絲綢是來源於樹葉：「絲繭是生在樹葉上，取來用水
濕一濕，理成絲，裁成衣服，光輝奪目。」他以為絲綢是用
「葉子上長的白色絨毛」製成的，賽里斯人把這些毛梳下來
製成了線，由此製成了絲綢。

老普林尼

　　公元前53年，古羅馬共和國三巨頭之一，凱撒的戰友
克拉蘇帶領數萬羅馬軍團攻打東方的安息國。安息軍隊引誘
克拉蘇和羅馬軍團越過幼發拉底河，進入沙漠地區後將其包
圍，雙方展開鏖戰。羅馬軍團將安息軍隊打得大敗，這時安
息援軍到來，在卡萊揮舞着巨大的、色彩斑斕的軍旗，這些
旗子色彩明麗，在太陽下刺人眼睛。看到巨幅鮮豔的軍旗，
羅馬人以為是天神下凡，紛紛喪失鬥志，全軍潰敗。兩萬多
羅馬將士陣亡，一萬多人成為俘虜，史稱卡萊會戰。據史學
家考證，這些色彩鮮豔的軍旗就是安息用購買的中國絲綢製
作的，這大概是羅馬人首次見到並為中國絲綢所震撼。當時
的羅馬人一般都穿粗毛布製作的露着臂膀的披風式長衫，貴
族則穿輕柔透明、亞麻織造的麻衣。即使羅馬軍隊看到中國
的絲綢軍旗而慘敗，但當他們看到美麗的絲綢後，就不可遏
制地愛上了它。絲綢很快成為風靡羅馬上層社會的奢侈品。
之所以説是奢侈品，是因為一磅高級絲綢料子（約10尺）要
值12兩黃金，這簡直是天價。凱撒大帝和克里奧帕特拉女王
（埃及豔后）最愛的服飾原料就是中國絲綢。

　　秦漢時期，中國絲綢技術的體系已初步形成，黃河流

克拉蘇

有英國學者認為，克拉蘇率
領羅馬軍團在卡萊會戰中慘
敗給安息軍隊時，其長子普
布利烏斯並沒有戰死，而是
率領第一軍團突破安息軍隊
防線進入中亞，其殘部被漢
軍俘虜，被安置在涼州（今
甘肅永昌驪靬村）。

域、長江中下游和巴蜀地區成為中國絲綢的三大主要產區，而絲綢之路上的絲綢主要就來自這三個地區。絲綢具有極大的實用性、舒適性，它既是奢侈品、藝術品、禮品，也是實用品。在漢代，絲綢與硬幣、糧食一樣，曾作為貨幣支付給軍隊。由於當時在遙遠的交戰之地，硬幣難以兌換，糧食容易變質且難以保存長久，絲綢曾作為一種貨幣使用。如在中亞，絲綢就可以作為貨幣支付給寺廟的僧侶，或者作為犯戒者繳納的罰金。絲綢在特定情況下變成了一種與奢侈品一樣的國際貨幣。唐代西北部分地區的軍餉就是絲綢，當士兵在當地用絲綢交換物品時，貿易便興盛起來。但當國內叛亂威脅到皇帝使他不得不把軍隊召回時，貿易便急劇衰落。

絲綢之路的南道經河西走廊，出玉門關、陽關，沿着塔里木盆地南部，貼着崑崙山南麓，經過若羌、和田、葉城、莎車等諸綠洲一線，與北線會合，到達蔥嶺，再由蔥嶺西行，越過興都庫什山至阿富汗喀布爾後分兩路，其中一線西行至赫拉特，與經蘭氏城（今阿富汗伐濟臘巴德）而來的中道相會，再西行穿巴格達、大馬士革，抵地中海東岸西頓或貝魯特，最終由海路轉至羅馬；另一線從白沙瓦南下抵南亞。金髮碧眼的西方人攜帶着貓眼石、龍涎香和象牙，穿過荒原戈壁，源源不斷地來到中國；而漢朝的使團和商隊則滿載着絲綢、瓷器、鐵器，攜帶着通行文書，絡繹不絕地在沙海大漠中西行，足跡踏遍西域三十六國……

說到羅馬與漢朝的交流，就不得不提到東漢甘英出使大秦的事跡。漢和帝永元九年（公元97年），西域都護班超已經年逾六十，沒有長距離遠行的精力，便派甘英出使大秦（羅馬帝國）。甘英領命之後就帶着使團從龜茲，也就是今天的新疆庫車一帶出發，一直往西走到了疏勒，大致就是今天的喀什一帶。然後攀過了蔥嶺，就是今天的帕米爾高原，

經過了大宛國、大月氏國，到了安息，也就是**帕提亞帝國**，即今天的伊朗。後來甘英又到了條支，即今天的伊拉克。之後甘英一行人又到了安息西界的西海，也就是今天的波斯灣。

　　甘英到了波斯灣準備渡海而過，因沒有渡海經驗，便詢問當地人。當地人對甘英說這裏海域廣大，如果順風的話三個月能到，但是逆風的話，可能就要一兩年了，所以你要準備三年的糧食才行。而且在海上行駛會讓人產生對故土的思念，很多人會莫名其妙地死在路上。甘英聽了之後覺得過於危險，自己又沒有渡海的經驗，便放棄了。現在一般認為，當地人礙於商業利益，對甘英有所隱瞞並誇張其辭。甘英這次出使雖然沒有到達目的地大秦，卻增加了中國人對亞洲各國的了解，對後世的影響也非常深遠。後來公元166年，大秦使臣訪問東漢首都洛陽，實現了歐洲國家同中國的首次直接交往。

　　南道是一條艱險之路，即便在通信和交通十分發達的今天，要闖過羅布泊的漫漫沙海仍然是十分艱難的事情，因為其中沒有確定的路面可循，更沒有路標；再加上漫無人煙、無水源、無草木，旅行者隨時都會陷入死亡陷阱。張騫、班超、甘英、玄奘等一代代仁人志士，他們不怕艱險、勇於開拓的精神，支持他們開闢了這麼一條智慧之路、文明之路。

　　其實絲綢之路遠不止這三條道路，它是一個龐大的交通網絡。每個朝代的絲綢之路都是危險重重，沒有明確的路線，沒有政府的保護，甚至沒有人煙。但無論各個王朝的對外政策如何，也無論哪個外族政權阻斷了交通，總會有人會選擇探索、打通新的道路，聯繫上外面的世界。

帕提亞帝國（公元前247年－公元224年），又名安息帝國，是亞洲西部伊朗地區古典時期的奴隸制帝國。全盛時期的安息帝國西達小亞細亞東南的幼發拉底河，東抵阿姆河。安息帝國位於羅馬帝國與漢朝之間的絲綢之路上，與漢朝、羅馬帝國、貴霜帝國並列為當時亞歐四大強國。

第三章

駝鈴悠悠絲綢路

公元前2世紀，偉大的古絲綢之路開通，這是一條商品交流之路，也是一條文化交流之路。悠悠的駝鈴聲穿越千年古道，將人類的辛勤與勇敢，誠實與善良，源遠流長地承接下來，體現了人類克服艱難險阻，探索未知領域的膽量和勇氣，在推動東西方經濟交流、文化交融、人類文明多樣化方面發揮了重要作用。古絲綢之路開通於西漢時期，是中國古代歷史上的偉大壯舉。其實早在漢代以前，中國與西域就有了聯繫。根據《山海經》《左傳》《呂氏春秋》等文獻的記載，早在先秦時期，中國境內的蠶繭、漆物以及青銅器就流通到了西域地區。俄羅斯阿爾泰地區出土的公元前5世紀的墓葬中，發現了大量中國先秦物品。春秋戰國時期，中亞地區與中原地區有大規模的絲織品貿易，這使得漢代鑿空西域有了良好的基礎。西漢王朝對西域的開拓與經營，雖然是為了保障國家安全而進行的政治考量，但客觀上推動了華夏族與其他諸民族之間的相互吸引和交流，成為探索未知世界的偉大創舉。古絲綢之路上悠悠的駝鈴聲，成為這一時期中西交流中最亮麗的風景。我們將在這一章中認識漢代如何鑿空西域，並認識在這條悠悠的絲綢之路上發生的重大歷史事件。

《山海經》

《山海經》是一部先秦重要古籍。該書作者不詳，現代學者均認為成書並非一時，作者亦非一人。《山海經》傳世版本共計18卷，包括《山經》5卷，《海經》13卷，各卷著作年代無從定論。《山海經》內容主要是民間傳說中的地理知識，也保存了不少膾炙人口的遠古神話傳說和寓言故事。

一　大漠孤煙直

漢代鑿空西域的數百年後，唐代詩人**王維**受命出使西域。在寂寞而孤獨的旅途中，他親眼看見了塞外雄奇壯觀的景象：在浩瀚無垠的大沙漠上，只見一股孤零零的濃煙拔地而起，筆直地衝上雲霄；在一望無際的地平線上，黃河橫貫

王維（公元701年－761年），字摩詰，河東蒲州（今山西運城）人，唐朝詩人、畫家。唐肅宗乾元年間任尚書右丞，故世稱「王右丞」。王維參禪悟理，學莊通道，精通詩、書、畫、音樂等，尤長五言，多詠山水田園，有「詩佛」之稱，著有《王右丞集》，存詩約400首。

千里，一輪孤懸欲墜的紅日顯得格外渾圓。雄偉的大漠景觀激發了王維的創作靈感，使他寫出《使至塞上》這首五言律詩，而詩中的「大漠孤煙直，長河落日圓」也成為描寫絲綢之路奇麗風光的千古名句。

千百年來，無數的遊牧民族、商人、教徒、外交家和學者為實現自己的夢想與使命，紛紛踏上絲綢之路，穿越茫茫戈壁灘，在沙漠中留下了自己的印記。在傳統的絲綢之路上，人們從中國古代的都城長安與洛陽出發，往西出陽關、玉門關，走天山南北兩道，通過西域眾多富饒的國家後抵達地中海，最終到達目的地羅馬。在全程7000公里絲綢之路上，各地的環境變化明顯，除了有「大漠孤煙直」的美麗景色外，還有着許多獨特的自然景觀。

絲綢之路所經過的地區主要是亞歐大陸的內陸地區。這一地區由於深居內陸，距離海洋遙遠，再加上高原、山地地勢較高阻擋了濕潤氣流的進入，導致了該地區降水量少、氣候乾旱，形成了一望無垠的沙漠和茫茫的戈壁，如新疆的塔克拉瑪干沙漠、裏海東部的卡拉庫姆沙漠、伊朗的卡維爾鹽漠等。而且，在絲綢之路的中部地帶，還有號稱「萬山之祖」的帕米爾高原。以帕米爾高原為中心，向四周延伸出喜馬拉雅山、喀喇崑崙山、崑崙山、天山、興都庫什山等山脈，形成了一個巨大的山結。這些山脈的海拔一般在4000米以上，有的高峰終年積雪，有的峽谷常有冰雪覆蓋，行走艱難。除此之外，在山脈之間形成了眾多的盆地：在阿爾泰山與天山之間有準噶爾盆地；在天山、崑崙山和阿爾金山之間有塔里木盆地；在天山南坡有吐魯番盆地等。山嶺與盆地之間地勢落差較大。這些特殊的自然地理，對於想要踏上絲綢之路的商旅們來説是一項挑戰。

面對這些艱難險阻，在沒有汽車與飛機的古代，商旅們

是如何通過絲綢之路的呢？原來，他們選擇了駱駝作為自己的交通工具。駱駝的胃中可以儲存大量的水分，牠背部隆起來像山峰狀的部分儲藏了大量脂肪，所以駱駝能忍受飢渴，善於載重遠行。商旅們用駝隊運輸貨物，他們避開風沙肆虐的季節出行，依靠太陽和星星辨別方向，在戈壁之中尋找着珍貴的泉水與井水，走過絲綢之路上的每一處綠洲、沙漠和道路，路途中充滿着未知的困難與危險。商旅們時刻面臨着生命危險，他們穿越茫茫沙漠，冒着風霜雨雪，最終艱難開闢出了這條偉大的絲綢之路，創造了人類文明史上的壯舉。

北朝載物陶駱駝

　　也許有人要問，在絲綢之路上行走的商旅們尚且如此艱難，那麼茫茫沙漠之中的國家是如何生存下來的呢？原來，

在沙漠的邊緣聳立着一座座雪山，從雪山上融化下來的水流由小及大、匯聚成河，形成了塔里木河。這條河流灌溉滋潤了盆地周圍的一片片綠洲，賦予了沙漠之中的生機與活力。人們依靠綠洲生存發展，逐漸形成了富饒的西域諸國，也為東西方之間的友好往來提供了中轉站。

　　西域地區是絲綢之路的重要組成部分，也是溝通東西方文明的橋樑。傳說中周穆王曾駕馭着八駿之乘（八匹馬拉的車子）到達過西域，受到西王母的隆重接待。西王母在崑崙山瑤池為周穆王設宴，兩人飲酒作歌，共頌友誼。然後，周穆王繼續西進到大曠原，獵到了許多珍禽異獸，之後返程回到鎬京（今陝西西安）。這則神話是中國與西域進行交流的最早記載，雖然它的真實性有待考證，但從側面反映出西域

漢代西王母畫像磚拓片

漢代陽關遺址

漢代玉門關遺址

同內地的聯繫早在遠古時期就已經開始了。到了西漢時期，
人們對西域有了更加清晰的概念。西域在狹義上指玉門關以
西、葱嶺以東的地區，從廣義上指玉門關、陽關以西乃至中
亞或更遠的地方。

　　公元前2世紀左右，西域分為三十六國。這些國家受自
然地理條件的限制，絕大部分分佈在塔里木盆地南北邊緣的
綠洲上，大的國家有幾十萬人，小的只有幾千甚至幾百人。
在阿爾泰山以南、天山以北的準噶爾盆地中有烏孫、且彌、
蒲類（今新疆巴里坤）等國家，這裏水草豐美，人們多半在
這裏從事遊牧業。在天山以南、崑崙山以北的塔里木盆地區
域，又可以分為北道諸國和南道諸國。在塔里木河之北有疏
勒、龜茲、焉耆、車師（今新疆吐魯番）等較大的國家，稱
為北道諸國。在崑崙山北邊大沙漠的南沿有莎車、于闐、樓
蘭（今新疆羅布泊西）等國，稱為南道諸國。西域各國使用
不一樣的語言，他們之間相互平等、互不統屬，多以城郭為
中心，兼營農業與畜牧業。只有少數國家逐水草而居，糧食
依靠鄰國供養。西域地區物產豐富，除了有香甜可口的哈密
瓜、美味多汁的葡萄等水果外，于闐還盛產美玉，樓蘭等地
盛產牛、羊、駱駝和馬匹，是名副其實的富饒之地。

公元前2世紀初，中國北方的遊牧民族匈奴在蒙古草原上崛起。在匈奴**冒頓單于**的打擊下，大月氏人被迫從敦煌與祁連山之間草原地帶西遷至伊犁河流域。之後，冒頓單于征服了西域諸國，在西域設置了「僮僕都尉」進行管轄。匈奴不僅掠奪西域地區的人口，索取西域的貢稅，而且以此為據點，向西漢王朝發起進攻。於是，西域地區就成為匈奴軍事上的據點和經濟上的後盾。但是，西域諸國忍受不了匈奴的剝削與壓榨，紛紛想要脫離匈奴的統治，建立自己的家園。

二 張騫鑿空西域

漢高祖劉邦

公元前202年，**劉邦**建立了西漢王朝。西漢王朝自建立之初，就面臨着匈奴的威脅，加之秦末漢初戰爭的影響，國力較弱。漢高祖出行，居然找不到四匹顏色一致的馬，而丞相經常坐着牛車上朝。公元前200年，漢高祖率兵討伐叛降匈奴、禍亂邊境的韓王信時，被匈奴冒頓單于率兵四十萬包圍在白登山（今山西大同）上，不得不靠賄賂冒頓單于的妻子閼氏得以脫困。此後數十年間，漢朝不得不採用屈辱的「和親」方式以換取邊疆的穩定，除送去宗室女子嫁給匈奴單于外，還要向匈奴繳納大量的財富。即使如此，匈奴仍然屢犯漢朝邊境，殺戮百姓，搶劫財物，極大地破壞了漢朝的穩定。經過漢文帝和漢景帝兩位傑出君主的治理，漢朝改變了漢初的貧弱國力，出現了著名的「文景之治」。到漢武帝即位之時，漢朝太倉的糧食「陳陳相因」，由於儲藏太多並不用支取而發霉；京城國庫裏串錢的繩子由於錢太多，儲存時間過長也都腐爛掉了；人們出行紛紛騎着高頭大馬，與漢

高祖時期皇帝車駕無法找到四匹顏色一致的馬相比，發生了
巨大的變化。

　　面對匈奴日益頻繁的侵擾，雄才大略的漢武帝準備對
匈奴進行反擊。漢武帝從投降過來的匈奴人口中得知，在西
域地區原來居住着一個大月氏部落，他們遭受過匈奴人的攻
擊，被迫西遷。大月氏人對匈奴恨之入骨，時刻想要回來報
仇雪恨，只是因為他們自身的實力不夠強大，所以願望尚未
實現。漢武帝心想：大月氏在西邊，而大漢在東邊，如果兩
國能夠聯合東西夾擊，那麼一定能戰勝匈奴。於是他下詔徵
求能人出使大月氏。詔書下了很久，終於有一個叫張騫的年
輕人前來應徵。後來又陸續湊了一百多個勇士，其中有一個
歸順的匈奴人叫堂邑父，他自願充當張騫的嚮導和翻譯。

　　公元前139年，在做好充分準備後，張騫奉漢武帝的命
令出使西域，想要聯合西域的國家共同抗擊匈奴。他帶着浩
浩蕩蕩的隊伍從長安出發，渡過黃河，進入浩瀚的沙漠。

初唐莫高窟第323窟張騫出使西域圖

當時，河套地區是從長安前往西域的必經之地，而這一地區已被匈奴完全控制。張騫他們日夜兼程，棄大道擇小路，想要迴避剽悍的匈奴騎兵，但還是不幸被匈奴騎兵發現了。戰鬥中，張騫一行人寡不敵眾，死的死，傷的傷，活下來的都當了俘虜。張騫和堂邑父分配在一起，他們被軟禁在草原上放牧牛羊，一舉一動都受人暗中監視。牧草由綠變黃，又由黃變綠；雁陣向南飛去，又從南方飛回，一轉眼十一年過去了。匈奴單于為了拉攏張騫，打消其出使大月氏的念頭，進行了種種威逼利誘，還給他娶了匈奴的女子為妻，生了孩子。但他始終沒有忘記漢武帝交給自己的神聖使命，沒有動搖過為漢朝出使大月氏的意志和決心。張騫學會了匈奴話，和匈奴人融洽相處；同時默記地形、道路、牧場、沙漠、泉水、水井的分佈情況。他耐心地、不露聲色地等待着，準備着。終於等到了一個機會，他們在一個黑夜裏逃走了。張騫等人馬不停蹄，專揀人跡罕至的荒原前進。他們忍受着炎熱和乾渴的煎熬，穿過沙漠戈壁，翻過帕米爾高原白雪皚皚的山嶺，終於到達了富饒的西域各國。

在留居匈奴期間，西域的形勢又發生了變化。大月氏的敵國烏孫在匈奴的支持和唆使下西攻大月氏。大月氏人被迫從伊犁河流域繼續西遷，進入中亞的阿姆河流域。大月氏人征服了大夏，在新的土地上另建家園。

張騫等人一路向西，沒有找到大月氏國，卻進入一個叫大宛的國家。大宛國王早就聽說東方有一個富饒強大的國家，十分仰慕與嚮往，很想與漢朝通使往來，但苦於匈奴的從中阻礙，所以未能實現。聽說漢朝派遣的使者到了，國王十分高興並熱情款待。張騫向大宛國王說明了自己出使大月氏的使命和沿途種種遭遇，希望大宛能派人護送，並表示如果今後能返回漢朝，一定稟明漢朝皇帝重重酬謝大宛。大宛

國王答應了張騫的要求，派人護送張騫等人到康居，又通過康居轉送到大月氏。當張騫向大月氏提出聯合攻打匈奴的建議時，大月氏人已無意向匈奴復仇了。原來自從大月氏到了阿姆河流域後，不僅用武力臣服了大夏，而且由於新的家園土地肥沃，水草豐美，人們安居樂業，早已忘記了和匈奴的仇恨，因此無意東歸。張騫等人在大月氏逗留了一年多，始終未能說服大月氏人與漢朝聯盟，只好起身回國。回來時不幸又被匈奴扣留了一年多，後來趁匈奴發生內亂，張騫帶着自己的匈奴妻子和堂邑父一起逃回長安。公元前126年，離別家鄉十三年的張騫終於返回了長安，他出使時率領一百多人，回來時只有他自己和堂邑父二人。張騫雖然沒有完成任務，可他沿途了解到西域各國的風土人情與地方特產，大大開闊了漢朝人的眼界，為漢朝開闢通往中亞的交通要道提供了寶貴的資料。漢武帝對張騫這次出使西域的成果非常滿意，特封張騫為「博望侯」，授堂邑父為「奉使君」，以表彰他們的功績。

公元前119年，漢朝軍隊收復了河西走廊，將匈奴趕到大漠以北。這一年，漢武帝為了聯合烏孫共同對抗匈奴，任命張騫為中郎將第二次出使西域。張騫率領三百多壯士組成的使團，帶着一萬多頭牛羊和黃金、絲綢，浩浩蕩蕩地向西域進發。張騫到達烏孫時，烏孫正好發生內亂，無意東歸。雖然沒有完成預定的目標，但張騫的副使分別訪問了西域的大宛、康居、大月氏等國，給予他們豐厚的禮物，並表示漢朝願意和他們進行友好交往，成為好朋友。烏孫還派遣數十名使者前往長安，攜帶禮物以答謝漢朝。漢武帝對中原與西域之間的友好往來非常高興。又過了一年，張騫因病去世。張騫是漢朝開闢西域交通的第一個使者，他勇敢、堅忍的優秀品格為後人所傳頌。

張騫率領使團向西域出發

　　張騫鑿通西域，在中國歷史上具有非常深遠的意義。西域交通通暢後，中原地區和西域乃至更遠地區之間的經濟、文化聯繫日益密切。中原地區的先進技術不斷傳入西域，如中原的井渠法對西域的影響很大，形成了坎兒井；絲織品和漆器等精美的手工藝品也大量銷往西域。同時，西域的葡萄、石榴、苜蓿、胡瓜（黃瓜）、胡麻、胡桃（核桃）等植物也陸續移植東土；西域的寶馬和各種奇珍異獸也傳入中原地區，豐富了中原百姓的經濟文化生活。張騫鑿通西域使漢

朝與西域建立了友好關係，而且確保了這一地區的和平安定，為後來西漢政府正式管轄西域奠定了基礎。

三 班超再通西域

經過西漢王朝的長期經營，至漢宣帝時期，西域諸國已經臣服於漢朝。公元前60年，漢朝設立**西域都護府**，正式確立了在西域的統治。但是在王莽新朝及隨後的一段時間裏，中國陷入了改朝換代的大混戰之中。經過戰爭，東漢王朝建立。這時的東漢人口銳減，實力衰弱，因此無力顧及西域，西域就像斷了線的風箏一樣離東漢越來越遠。西域各國眼看無法依靠東漢，便紛紛投靠了匈奴。後來，匈奴因為連年乾旱和內亂不斷，分裂成了南北兩部，南匈奴歸附於東漢，北匈奴仍舊繼續作亂，控制着西域地區。公元73年，隨着國家實力的恢復，漢明帝對北匈奴發起攻擊，大將竇固深入天山，在伊吾進行屯田，並派遣他的一位部將班超出使西域。

班超是著名歷史學家班彪的兒子。他的哥哥班固、妹妹班昭也是著名史學家，共同完成了《漢書》，這是中國第一部紀傳體斷代史，可以說班超全家都是了不起的人物。公元62年，班固被招進京城任校書郎，班超和他的母親也一同前往。因為家裏貧窮，班超常常為官府抄寫文書以謀生餬口，這項工作非常辛苦。有一天，班超停下手中的工作，將筆扔在一旁歎息道：「我身為大丈夫，儘管沒有甚麼突出的計謀才略，也應該像傅介子（西漢外交家，曾斬殺匈奴使者和樓蘭王）和張騫一樣，在西域建功立業來封侯晉爵，怎麼能在抄書中浪費自己的生命呢？」這就是「投筆從戎」這個成語

班超投筆從戎

的由來。等到竇固出兵攻打北匈奴的時候，班超隨軍出征，在軍中任假司馬（代理司馬）之職。班超在軍旅中展現了非凡的才能。他率兵進攻伊吾，在蒲類海與北匈奴交戰，戰功卓著。竇固見班超很有才能，於是派他出使西域，以聯合各國脫離匈奴，親近東漢。於是，班超帶領他的隨從三十六人就出發了。

班超首先抵達鄯善國（今新疆若羌）。剛開始，鄯善王對班超等人表示非常歡迎，禮節非常周到，但不久之後，鄯善王的態度突然怠慢下來。這一現象使班超十分警覺，於是他詐問招待漢使的侍從：「我知道北匈奴的使者來了好些天了，他們現在住在哪裏？」這個侍者一慌張害怕，就將匈奴也派了使者來的實情全都説出來了。班超召集他的全體部屬研究對策，大家説：「我們現在處於危急存亡的關頭，是生是死，就由您來決定吧。」班超説：「不入虎穴，焉得虎子。我們現在只有一條路，今晚趁夜用火攻擊匈奴使團，把他們全部消滅。這樣可以使鄯善國得罪匈奴，只能依靠我大漢。」於是，他們當晚奇襲匈奴營帳，把匈奴使者全都燒死了。鄯善王知道這件事後大驚失色，表示願意臣服東漢，並把自己的王子送到東漢朝廷作為人質。後來，人們用「不入虎穴，焉得虎子」來比喻不經歷艱險，就不能取得成功。

之後，班超等人繼續出使于闐。當時的于闐王廣德剛剛攻破莎車，稱雄天山南道，而且有北匈奴的使者駐紮在于闐。班超到達後，于闐王的態度頗為冷淡，而且他的巫師跟匈奴使者勾結，裝神弄鬼地説：「天神發怒了，你們為甚麼想去歸順漢朝？漢使有一匹好馬，你們趕快把牠弄來給我祭祀天神！」於是，于闐王派人向班超索要那匹馬。班超滿口答應，但要求巫師親自把馬牽走。不一會兒巫師到來，班超立即砍下他的腦袋，親自去送給廣德。于闐王大為惶恐，隨

即殺掉北匈奴的使者，向東漢歸降。

　　班超出使西域所獲得的一連串成功使北匈奴大為惱怒。
公元75年，北匈奴大舉反攻，並在同盟國焉耆、龜茲等國的
幫助下重挫東漢軍隊。公元76年，為了保存實力，剛剛即位
的**漢章帝**下令放棄西域，詔命遠在疏勒國的班超回國。班超
臨走時，疏勒全國恐慌，一位大將說：「漢朝使者如果離開

漢章帝

班超率領三十六名壯士出征

我們，我們必再淪為龜茲的奴隸。我實在不忍心看到漢使離去。」說罷，便拔刀自刎。班超返回經過于闐時，于闐國王失聲痛哭，抱住馬腿不放說：「我們依靠漢朝，就跟嬰兒依靠父母一樣，使者千萬不能走啊。」班超深感壯志未酬，決定抗命留下，返回疏勒國。之後，東漢朝廷許可了班超的行為並給予支持。在班超艱苦卓絕的努力下，西域的五十多個國家都歸附了東漢。公元94年，班超終於平定了西域，實現了立功西域的理想。朝廷為了表彰班超的功勛，下詔封他為定遠侯，食邑千戶，後人稱之為「班定遠」。

公元97年，班超聽說世界的最西邊有一個國家名叫大秦，至於大秦在哪裏、是甚麼模樣沒有人知道。班超非常想去看一看這天盡頭的國家到底是甚麼樣子，但此時他已經66歲，沒有精力再遠行了。於是班超派遣他的部將甘英出使大秦。甘英經過長途跋涉終於到達了西海（今波斯灣）沿岸，他只要乘船渡過面前的這片不大的海域就可以到達目的地。這時候，安息商人對他說：「這片海域很大，要渡海的話，順風需要三個月，逆風的話漂兩年都說不準。往來這海域的人要準備三年的糧食。而且，海中還有**女妖**，她會發出誘人的歌聲促使船隻觸礁沉沒。」甘英考慮再三，決定放棄前往大秦，便返回了西域。許多後人感歎，甘英的無能使漢朝和古羅馬兩大帝國的相會失之交臂。但就當時形勢來看，除非班超親臨，張騫再世，沒有大勇氣和大志向的人，根本不可能完成這一貫通中西的壯舉。

公元100年，班超已經年近七旬了，他上書朝廷請求返回，於是漢和帝召班超回朝。公元102年，班超回到洛陽，之後不久就逝世了，享年71歲。在他死後，他的兒子班勇進駐西域，繼續保障西域地區的和平安定。

班超出使西域三十一年，恢復了東漢王朝對西域的統治

此處安息商人提到的女妖似為塞壬（Siren）。塞壬來自古臘神話，在神話中，她被塑造成一名人面鳥身的海妖，飛翔在大海上、擁有天籟般的歌喉，常用歌聲誘惑過路的航海者，而使航船觸礁沉沒，船員則成為塞壬的腹中餐。

和東西方之間的交通，使得中原與西域地區的經濟文化交流
得以繼續進行。班超憑着個人在外交、軍事、政治上的卓越
才能以及堅強的意志，在擁有強大軍事實力的東漢王朝和希
望擺脫匈奴壓迫的西域各國的支持下，取得了出使西域的成
功。「平生慷慨班都護，萬里間關馬伏波。」── 在孫中山
先生寫給蔡鍔將軍的輓聯中，以班超和馬援這兩個歷史名將
做比喻來形容蔡鍔將軍的熱誠愛國。馬援是東漢開國功臣之
一，因功累官至伏波將軍，老當益壯，馬革裹屍，被人尊稱
為「馬伏波」。班超出使西域，曾經當過西域都護，因此稱
之為「班都護」。班超的英勇事跡千百年來為人們所傳頌。

四　絲綢之路上的攔路虎

從張騫鑿空西域之後，絲綢之路並不是一直通暢着的。
有許多因素阻礙着絲綢之路的發展，成為絲綢之路上的「攔
路虎」。

（一）日益惡化的自然環境

中國的西北內陸地區氣候乾旱，降水量少，生態環境比
較惡劣。在茫茫沙漠之中，西域各國靠冰川上融化的雪水來
維持正常的生產和生活。他們依靠綠洲生存，經營農業與畜
牧業，但是這種綠洲經濟是比較脆弱的。隨着絲綢之路的興
盛，東西方的商旅絡繹不絕地往來於西域，各國的人口迅速
增長。人們在綠洲上的開發強度越來越強，破壞了綠洲的土
層。人們在上游加強灌溉，造成了河流下游的改道與面積縮

減，生存環境日益惡化。研究表明，東漢以後，西域地區的氣候開始變乾，匈奴地區出現連年大旱，赤地千里，人畜大量死亡，阿爾金山的諸多小國相繼淪為戈壁。在自然因素與人類活動的雙重影響下，絲綢之路南道逐漸消亡。以樓蘭為例，它是漢朝進入西域的第一門戶，是鄯善國的都城。此地水草豐美，居民們以放牧為業。西漢開始在樓蘭駐兵屯田，帶來了內地先進的農業生產技術，開闢了綠洲農業。後來，樓蘭一帶的河水流量減少，耕地播種困難，人們無法生存下去，最終迫使樓蘭走向衰亡。現今，樓蘭古城的遺址在新疆羅布泊地區的西北部被發現了，見證着西域古國曾經的文明昌盛。

樓蘭遺址

（二）敵對的遊牧民族

　　匈奴作為北方地區強大的遊牧民族，時常進犯漢朝邊境並且控制西域地區，給絲綢之路的暢通帶來不小的麻煩。公元前215年，秦始皇派大將蒙恬率三十萬大軍征伐匈奴，將其逐出河套地區。公元前2世紀初，匈奴冒頓單于趁着秦朝滅亡和楚漢相爭之際，重新佔領了河套地區，並且征服了西域，設置「僮僕都尉」，牢牢控制着西域各國。即使是張騫這樣聰明勇敢的人，在出使西域的往返途中也兩次被匈奴扣留，耽誤了長達十餘年的時間。那麼，其他國家的商旅想要跨過匈奴的領地通往漢朝就更困難了。後來，漢武帝派遣**衛青**和霍去病兩員大將打敗了匈奴，絲綢之路的交通才得以恢復。到了東漢初年，匈奴利用中原混戰之際，重新控制了西域各國，絲綢之路再一次中斷。由此可見，匈奴是絲綢之路上的一隻「攔路大虎」。而當匈奴在西域的統治土崩瓦解後，那些曾經受過匈奴壓迫的民族如鮮卑、羌等「攔路小虎」又紛紛崛起，成為威脅絲綢之路暢通的新的不穩定因素。

（三）漢朝控制力的減弱

　　在長達7000公里的絲綢之路中，有4000公里在中國境內。維持絲綢之路的成本很大，只有繁榮強盛的王朝才能承擔。中國古代只有漢、唐兩代有實力長時間維持絲綢之路的暢通，但在兩個王朝的末期也因內亂導致國力大減，最終斷絕了對絲綢之路的維持。

　　在西漢強盛時期，漢武帝在**河西走廊**地區設立了武威、張掖、酒泉、敦煌四郡，並將長城向西延伸到了玉門關，有效地保障了絲綢之路的通暢。漢宣帝時設立了西域都護府，

衛青

◇◇◇◇◇◇◇◇◇◇◇◇◇◇◇◇◇◇◇◇

河西走廊因位於黃河以西，為兩山夾峙，故名河西走廊。是甘肅西北部祁連山以北，合黎山以南，烏鞘嶺以西，甘肅新疆邊界以東，長約1000公里、寬數公里至近200公里不等，西北東南走向的長條堆積平原。河西走廊是內地通往西域的要道，絲綢之路西去的咽喉，自古以來就是富足之地、兵家必爭之地。

◇◇◇◇◇◇◇◇◇◇◇◇◇◇◇◇◇◇◇◇

更在西域確立了有效統治。但是到了西漢末期，國家陷入了農民戰爭的漩渦之中，根本無暇顧及經營西域，於是放棄了對西域的統治。即使到了東漢初年，國家仍未從戰爭的創傷中走出。公元45年，車師、鄯善、焉耆等十八個國家，聯合派遣王子到洛陽作為人質，請求東漢派遣都護，以維持西域地區的和平安定，但是**光武帝**劉秀因為國力不足拒絕了他們的請求。班超帶兵平定西域後，絲綢之路得以暫時恢復生機。但是他的繼承者大多剛愎自用，不能有效地團結西域諸國，使東漢在西域的統治日益衰弱。到了東漢後期，朝廷內部迅速腐敗，皇帝日益昏庸，外戚、宦官爭權奪利不斷，使得東漢在面對西域事務時愈發力不從心，最終導致絲綢之路的二度中斷。在東漢滅亡以後的三百多年時間裏，中原地區長期處於魏晉南北朝分裂割據的狀態之中，絲綢之路的開通幾乎無人問津。

光武帝

（四）國內保守勢力的破壞

漢代絲綢之路的商業繁盛，並不能提高商人的地位。早在漢武帝時期，漢朝就制定了打擊大商人的政策，對商人課以重稅。在中國傳統思想中，農業是「本業」，商業是「末業」，因此一直奉行「崇本抑末」的政策。一些封建士大夫，對商人在絲綢之路上的貿易行為多加干涉。有些西域地區的管理者，甚至對東西方的商隊課以重稅，並進行干擾商業活動的行為。

王莽執政時期，國內的保守勢力強盛，實施了歧視各少數民族的政策，對保持絲綢之路的通暢造成了很大的阻礙。匈奴從漢宣帝時起就和漢朝保持着和平友好的關係。王莽稱帝後，他派專使用欺騙的手段收回了匈奴單于象徵權力與地位的「璽」，改換為「新匈奴單于章」；又下令把

王莽

匈奴單于的稱號改為「降奴服于」，匈奴對此十分惱怒。王
莽還將包括西域各國在內的國王稱號降為侯，引起了西域
各國的極大不滿，紛紛和新朝斷絕了來往，使西漢與西域
各國形成的和平友好關係瀕於破裂。

第四章

繁盛的陸上絲綢之路

　　唐代（公元618年－907年），是中國又一個繁榮強盛的以漢民族為主體的帝國，也是陸上絲綢之路最為繁盛的時期。從政治上看，唐代繼承並革新了創於隋朝的三省六部制、科舉制；從經濟上看，唐代有著名的貞觀之治和開元盛世，城市經濟有了大規模的發展；從思想文化上看，唐代有璀璨的詩歌文化，有著名的古文運動。唐代的興盛，使得陸上絲綢之路發展到了頂峰。

　　陸上絲綢之路在唐代繼續延續前代，橫跨整個歐亞大陸，並在前代的基礎上有所開拓。其中最重要的，是恢復並疏通了南北朝以來由於戰亂而被破壞的部分陸上絲綢之路，天山北麓的一段也被恢復和開通。唐代的絲綢之路是從京城長安出發，經過關隴地區和河西走廊，也有一部分經過寧夏和青海地區進入新疆，並經過天山南北後到中亞地區。在進入中亞地區後，陸上絲綢之路發生變化，一路繼續向西進入今西亞地區，一路折向西北進入歐洲地區。由於唐代東西方經濟、思想和文化交流出現高潮，絲綢之路呈現出了無比繁榮的局面，成為漢代以來陸上絲綢之路的又一個高峰。

一　春風吹過玉門關

　　假如我們有機會穿越時空來到唐代長安的西市街頭，也許會看到這樣一番景象：一群高鼻深目的胡商爭相購買小販手中的夜明珠；旁邊胡人開的燒餅店人氣鼎盛，排着好長的隊；胡人經營的酒肆裏，有美麗的胡姬跳着異域風情的舞蹈；甚至還有穿着摺襟胡服，戴着胡帽的唐人不時穿梭在街頭，國際化程度絲毫不亞於今天的北京、上海⋯⋯為甚麼會出

現這種情況呢？這其實與唐代絲綢之路的繁榮有很大關係。

西漢「絲綢之路」形成後，越來越多的商旅、僧人、使者經由此路往來各國，中西方文明交流不斷增多。但是東漢末年以後，天下三分，社會動盪不安，「絲綢之路」也在一定程度上受到影響。西晉時期中國實現了統一，但這也只是短暫的「曇花一現」。**「永嘉南渡」**後，晉朝王室在南方建立東晉政權，失去了對北方的有效統治，各個遊牧民族趁機南下，紛紛建立政權，出現「五胡亂華」的局面，中國北方由此陷入割據混戰的狀態。從東漢末年到魏晉南北朝，將近四百年的時間，中國一直飽受戰爭、民族紛爭、自然災害的侵擾，經濟停滯，發展緩慢，國力下降。絲綢之路在缺乏強有力政權保護的情況下，被突厥、吐谷渾等少數民族相繼佔據，時通時斷，一直未能有較大的發展，直到唐朝，隨着大一統政權的建立，政府不斷加強對西域的開發和治理，絲綢之路日漸繁榮。

唐朝建立之初，西域大部分地區被西突厥控制。突厥是六七世紀活躍於中亞和蒙古地區的遊牧民族的統稱，公元552年，以漠北為中心建立突厥汗國，其後迅速發展，版圖最大時，東到遼東，西至裏海，北起貝加爾湖，南到大漠。隋朝時期，突厥汗國以阿爾泰山為界，分裂成東突厥和西突厥兩部。公元630年，唐太宗命**李靖**率領十萬大軍進攻東突厥，取得勝利，將其原有領地納入自己的版圖，並在伊吾設立伊州，葱嶺以東的西域小國如高昌、焉耆、疏勒等也紛紛向唐朝表示歸順。公元640年，已經降服的高昌國又依附西突厥與唐朝對抗，唐軍迅速出兵平定，改高昌為西州，改浮圖城為庭州（今新疆吉木薩爾），同年設立安西都護府於西州，加強對西域地區的管理和控制；公元646年，唐軍趁亂攻入漠北地區，使薛延陀政權瓦解，下屬的

「永嘉南渡」是西晉永嘉年間（公元307年－311年），北方漢人大批南遷的現象。八王之亂後，北方少數民族混戰中原。自永嘉元年（公元307年）司馬睿移鎮建業（今江蘇南京）開始，北方百姓為躲避戰亂，紛紛渡江南下。永嘉五年（公元311年），匈奴人劉曜、羯族人石勒破洛陽，「中州士女避亂江左者十六七」。

李靖

李靖（公元571年－649年），字藥師，雍州三原（今陝西三原縣）人。初唐時期傑出軍事家，封衛國公，世稱「李衛公」。後人輯有《唐太宗李衛公問對》，北宋時被列入「武經七書」，為古代兵學的代表作。

回紇等鐵勒十三部全部歸附唐朝，由燕然都護府管轄；公
元647年，唐軍擊敗西突厥勢力，並在龜茲、焉耆、于闐、
疏勒修築城堡，建立軍鎮，史稱安西四鎮，由安西都護府統
轄，同時安西都護府遷到龜茲，以加強對天山南部和葱嶺以
西的廣大地區的管轄。公元702年，武則天在庭州設立北庭
都護府，公元709年，改設北庭大都護府，其管轄範圍以天
山以北和巴爾喀什湖廣大地區為主。至此，經過一系列的軍
事行動以及行政建制，唐朝在今新疆及中亞大部分地區的統
治地位基本確立。有了強大的軍事政治實力做保障，唐朝的
絲綢之路更加暢通無阻。

　　唐朝在加強西北地區軍事建設的同時，還不忘發展當地
經濟。例如在天山南北廣大地區開展屯田活動，讓軍隊一邊
打仗一邊種地，這樣不僅可以保證軍隊自給自足，還可以推
動當地的農業發展。此外，我們都知道西北地區屬於乾旱半
乾旱地區，水資源缺乏，為了保證農業的發展，唐朝政府利
用天山雪水，大力發展灌溉系統，同時為了保證水資源的合
理利用，設立機構專門負責水資源的分配。到了開元時期，
原本人煙稀少的綠洲已經良田遍佈，當地人生活富足有餘。
除此之外，唐政府還以軍鎮為中心，修建了許多道路和驛
站，為商業的發展提供很大的便利，其中最著名的就是**唐太
宗**時期修的「參天可汗道」，沿途共設有68處驛站，為來往
客商提供了許多歇腳之處。西北地區經濟的發展為唐代絲綢
之路的繁榮奠定了堅實的物質基礎。

　　絲綢之路的繁榮還離不開唐朝開放包容的民族政策。
唐朝統治者改變以往「貴中華，賤夷狄」的傳統思想，對少
數民族以及西方文化採取尊重、友好的態度。在中央允許突
厥、鮮卑等少數民族的人擔任重要官職，例如唐初的著名宰
相**長孫無忌**就是鮮卑人；邊境軍隊中也不乏少數民族的身

唐太宗石像

長孫無忌

影，著名將領哥舒翰、高仙芝以及後來發動安史之亂的安祿山和史思明都是少數民族；在西北少數民族的聚居區，唐太宗還採取「羈縻統治」的方法，任命當地的少數民族酋長擔任都督或刺史，允許他們按照該民族的習俗進行統治，受到當地人民的熱烈歡迎，唐太宗也被西北各個少數民族尊稱為「天可汗」。開放包容的民族政策使越來越多的胡商、僧人等湧入長安、洛陽等內地城市，同時漢族人民的足跡也遍佈天山南北，民族融合達到頂峰。

　　從長安以西到波斯以東，商旅絡繹不絕。西域各種香料、皮毛以及各種奇珍異寶大量湧入長安、洛陽及中原的其他城市，同時內地的絲綢、茶葉等也源源不斷地遠銷西域以及其他地區。唐代詩人**張籍**曾在詩中描繪邊城的繁榮景象：「無數鈴聲遙過磧，應馱白練到安西。」此外，越來越多的商業城鎮如同雨後春筍般湧現，例如庭州、碎葉（今吉爾吉斯托克馬克）、熱海（今吉爾吉斯伊塞克湖）等等，據說唐代大詩人李白就出生在碎葉。這些城鎮不僅居民人數眾多，商業機遇也很多。武則天時期，唐朝官員裴伷先因為犯罪被流放到北庭，但是他在這裏抓住機遇發展商業，不僅娶了當地胡人酋長的女兒，還在短短幾年後就發展成為當地巨富，牛羊多至上萬，門客高達數百人。繁榮的絲綢之路使西北地區充滿勃勃生機。

張籍（約公元766年－約830年），字文昌，唐代詩人，和州烏江（今安徽和縣）人，世稱「張水部」「張司業」。張籍為韓愈大弟子，其樂府詩與王建齊名，並稱「張王樂府」，代表作有《秋思》《節婦吟》《野老歌》等。

二 造紙印刷術改變世界

　　我們都知道，中國古代四大發明分別是：造紙術、印刷術、指南針和火藥，其中造紙術便是在唐代經由絲綢之路

逐漸傳播到西方，雕版印刷術也是在唐代產生、發展，進而傳向世界各地，兩者的發明和傳播都對世界產生了深遠的影響。

　　中國是最早發明紙的國家，西漢時期就已經出現了麻製的纖維紙。絲綢之路形成後，中國紙張還傳入西域、中亞一帶。隨着近年考古工作的不斷展開，這些都得到了實物證實。但是當時的紙與現代的紙有很大差別，當時的紙主要是用絹、麻製造，不僅質地粗糙，成本也非常高，普通人很難負擔，所以只有少數上層貴族以及官員才有機會使用。當時主要的書寫載體是竹簡和木牘，具體的使用方法是先用刀把成段的竹子或木頭削成竹片或者木片，然後在上面刻字，用繩子將它們串起來之後就成了「簡牘」，是早期的書籍形式之一。東漢和帝時期，有個叫**蔡倫**的宦官覺得用簡牘做書寫材料不僅寫起來十分費勁，攜帶起來也十分不方便，於是便想方法來改進造紙的技術。他通過觀察發現，樹皮、舊繩、破布、漁網等這些較為廉價易得的東西經過浸泡晾曬腐爛後，殘留下的纖維有點類似絹麻，很適合造紙。於是他把這些東西作為原料進行造紙，經過反覆的嘗試和實驗，最後終於通過原料分離、打漿、抄造以及乾燥四道基本步驟，成功製造出價格更加低廉、質量更加精美的紙張。他將紙獻給當時的漢和帝，皇帝用了之後非常滿意，於是下令將這一技術推廣到全國各地，從此紙張開始被大量生產和廣泛使用。人們為了紀念他，將用這種技藝造出來的紙稱為「蔡侯紙」。此後，隨着造紙技術不斷提高，造紙原料來源更加廣泛，成本進一步降低，紙質也不斷提高。但是，無論技術怎樣改進，都沒有超出蔡倫造紙術所確定的基本工藝步驟，即便是現在的造紙術，其生產步驟也與蔡倫的造紙術沒有本質區別。所以蔡倫本人也被奉為「造紙鼻祖」「紙神」。

蔡倫（？－公元121年），字敬仲，東漢桂陽郡（今湖南耒陽）人。蔡倫總結以往人們的造紙經驗革新造紙工藝，改進了造紙術，終於製成了「蔡侯紙」。

蔡倫的造紙術產生之後，主要沿着東、西兩個方向傳向世界各地。首先是東方，大約在公元4世紀末，中國的造紙術傳入朝鮮半島，並由朝鮮半島傳入日本。然後是西方，由於地理以及文化差異等因素，造紙術在西方的傳播相對緩慢。公元751年，絲綢之路兩端最強大的兩大帝國：大唐帝國與阿拉伯帝國在怛羅斯附近爆發一次軍事衝突，史稱**怛羅斯之戰**。根據史書的記載，唐朝在這場戰爭中起初取得小規模的勝利，但是後來由於葛邏祿人的臨陣倒戈，最終被阿拉伯帝國擊敗，大量的士兵以及能工巧匠被當作俘虜帶回到撒馬爾罕地區，其中就包括一批造紙工匠，造紙術因此傳入中亞地區，公元793年，巴格達就出現了第一個造紙廠。造紙術於公元10世紀左右傳入埃及；11世紀開始由阿拉伯人逐漸傳入歐洲；13世紀傳入印度，最後遍佈世界各地。

那麼造紙術的傳播對世界文明有甚麼影響呢？我們先來看看中國的造紙術傳入之前，其他地方都是用甚麼來作為書寫工具的。在埃及以及兩河流域，最常使用的書寫載體是莎草紙，莎草紙是古埃及人發明的，用盛產於尼羅河三角洲的紙莎草的莖製作而成，這種「紙」不易保存；歐洲地區最常使用的除了莎草紙之外就是羊皮紙。羊皮紙是用小羊皮做的紙，事實上也不限於羊，也有牛及其他動物的皮，但是以羊皮為主，羊皮紙紙面光滑，兩面都可以書寫，保存時間長，但是它的成本非常高，光是抄寫一部《聖經》就需要三百多張羊皮。中國造紙術傳入以後，越來越多的人有機會接觸到知識，因此中國造紙術的傳播為世界各地的文明發展做出了巨大貢獻。美國當代學者麥克・哈特甚至將蔡倫排在「影響人類歷史進程的100名人」中的第七名。

與造紙術相比，雕版印刷術的產生時間相對較晚，目前史學界較為普遍的看法是雕版印刷術產生於公元7世紀左右

怛羅斯之戰是唐朝安西都護府的軍隊與阿拉伯帝國（大食）、中亞諸國聯軍在怛羅斯相遇導致的戰役。怛羅斯之戰發生在天寶十年（公元751年），葛邏祿人突然叛變導致唐軍失利。這是阿拉伯帝國與唐朝幾次邊境衝突中唯一一次戰勝安西軍。

的隋末唐初，到晚唐時期已經趨於成熟。20世紀出土於敦煌的唐代《金剛經》是世界上現存最早的雕版印刷品，其字體規整、佈局合理、字跡清晰，卷尾刻有「咸通九年四月十五日」的字樣，可見當時的雕版印刷技術已經非常精湛了。到了北宋時期，畢昇發明了活字印刷術。但是由於活字印刷術的印刷程式十分繁瑣，非常容易出錯，因此在很長一段時間內，人們依舊以雕版印刷術為主。雕版印刷術的出現離不開兩大核心技術的成熟：陽文反字雕刻技術與拓印技術。中國的陽文反字雕刻技術最早應用於印章上。陽文就是印章上凸起的線條，陰文就是凹下的線條，在印章上刻上與原來字體相反的陽文之後，印出來的字就成了正字。隨着印章的不斷推廣，這種技術越來越嫻熟；拓印技術的發展則與石刻有很大關係。東漢時期，漢靈帝接受學者蔡邕的建議，將校正過的儒家經典刻在石碑上，立於洛陽太學門前供人抄寫，抄的人多了，就有人發現，如果將浸水的紙貼在石碑上捶打，使它與碑面完全貼合，然後再用細布包裹棉花蘸上墨汁輕刷，石刻上凹進去的部分就不容易上墨，這樣就能夠將石刻上的文字拓印到紙上了，節省了抄寫的麻煩。這就是拓

西夏文木雕印版

印技術的原理。到了唐朝，由於統治者的提倡，佛教發展越來越興盛，對佛教典籍以及佛像的需求也越來越大。同一本佛經往往需要抄上上千份，人工抄寫不僅費時費力，還容易出現訛誤，於是便有人將陽文反字雕刻技術與拓印技術結合起來，發明出雕版印刷術。

印刷術產生之後，很快就被傳到了周邊國家。1966年，韓國慶州的佛國寺出土了一件武則天時期的漢字印刷品《無垢淨光大陀羅尼經》，説明印刷術在唐朝中期就已經傳入朝鮮半島。雕版印刷術雖然對文化的傳播起了重大作用，但是也存在刻版費時費工費料、大批書版存放不便、有錯字不容易更正等缺點。北宋慶曆年間（公元1041年－1048年），畢昇發明了泥活字，標誌着活字印刷術的誕生。活字印刷術的發明是印刷史上一次偉大的技術革命。三百多年後，15世紀左右，德國發明家**約翰尼斯‧古騰堡**在借鑒中國活字印刷術的基礎上發明了西方的活字印刷術，從而推動西方印刷術的蓬勃發展。造紙術與印刷術一經結合，就迸發出巨大威力，大量的書籍被成批印刷，歐洲人有了更多的讀書和受教育的機會，從而推動了文藝復興運動的發展。先進的西方文明又借助造紙術和印刷術傳遍世界各地，推動整個人類文明的進步。

古騰堡

約翰尼斯‧古騰堡（約1400年－1468年），出生於德國美因茲，發明家，是西方活字印刷術的發明人。他的發明導致了一次媒介革命，迅速地推動了西方科學和社會的發展。

三　葡萄、核桃和菠菜

中國的絲綢、瓷器、茶葉以及手工藝品等源源不斷地通過絲綢之路運往國外的同時，西域的蔬菜、水果等也相繼傳入中國，極大地豐富了中國居民的社會生活。

葡萄：葡萄是我們日常生活中比較常見的水果，但是在唐代以前，葡萄和葡萄酒都是難得一見的稀罕物。相傳東漢時期，孟佗用中原地區非常少見的西域葡萄酒來賄賂當時的大宦官張讓，獲得了涼州刺史的職位。一斛（約100升）葡萄酒就能換取一州的統治權，可見葡萄酒在當時有多麼珍貴。根據考古資料來看，葡萄的起源地應當是歐洲、西亞以及北非地區，那麼它是在甚麼時候、怎麼傳入中國的呢？根據司馬遷在《史記‧大宛列傳》中記載，西漢時期，西域地區的大宛人非常喜歡喝葡萄酒，一些富商的藏酒竟然多達上萬餘石，而且這些葡萄酒居然能夠保存十年不壞，漢朝使者對此感到非常驚奇，於是便將葡萄種子帶回長安，種植在上林苑中，從此中國便有了葡萄。據說漢武帝的愛妃**李夫人**非

李夫人

李夫人(生卒年不詳)，中山（今河北定州）人，漢武帝劉徹的寵妃。西漢著名音樂家李延年、貳師將軍李廣利之妹。公元前112年，由平陽公主推薦給漢武帝，獲封夫人，深得漢武帝寵幸，並為漢武帝生下兒子昌邑哀王劉髆，產後不久病死。公元前87年，漢武帝駕崩，李夫人配祭漢武帝宗廟，追加尊號為孝武皇后。

東羅馬西式神祇葡萄紋鎏金銀盤

常喜歡吃葡萄，認為它晶瑩剔透能夠保養皮膚。但是由於葡萄生長對氣候和光照條件要求較高，當時的人們又缺乏種植經驗，所以種植的葡萄成活率低，產量不高，只有上層貴族才有機會品嚐到。再加上葡萄不同於糧食作物，不能夠擋飢填飽，在生產力低下的古代，大多數人連肚子都填不飽，又有誰會大面積種植「華而不實」的葡萄呢，因此，雖然葡萄在西漢時就已經被引入中國，但是並沒有在人們的日常生活中佔據多大的分量。直到唐朝，這種情況才發生了改變。唐朝時，隨着國力的不斷強大，對西域的控制力也不斷增強，公元640年，唐太宗平定高昌之亂，將高昌改為西州，並將其正式納入唐朝的統治體系，高昌盛產的馬乳葡萄以及釀酒法也因此傳入長安。唐太宗專門命人種植馬乳葡萄以及釀造葡萄酒，並時常在節日慶典上賞賜給群臣，使飲葡萄酒成為當時的風尚。有了種植和釀造技術，葡萄迅速普及至民間。葡萄不僅看上去晶瑩剔透，如同上好的美玉，嚐起來也是鮮嫩多汁，甘甜可口，所以受到文人的爭相追捧，這在唐詩中屢見不鮮，例如詩人王瀚在《涼州詞》中寫道：「葡萄美酒夜光杯，欲飲琵琶馬上催。」除此之外，人們為了表達對葡萄的喜愛，還喜歡將葡萄作為紋飾雕刻在瓷器、鏡子等物品上，例如藏於台北故宮博物院的唐代「海獸葡萄紋鏡」。由於葡萄酒的盛行，河東地區（今山西）開始大量種植葡萄，在唐代就已經成為葡萄酒的主要產地之一。

核桃：核桃又稱胡桃、羌桃，原產於伊朗地區，在西漢時通過絲綢之路傳入中國。當時人們喜歡將從西域傳過來的東西前面加上「胡」字，例如胡琴、胡蘿蔔、胡麻等，因為核桃的果實像桃，所以人們稱它為「胡桃」。至於後來為甚麼改名為核桃，有兩種說法：一是說魏晉南北朝時，**石勒**在中國北方建立後趙政權，因為他本身具有胡人血統，為了

石勒（公元274年－333年），字世龍，上黨郡武鄉縣（今山西榆社）人，後趙開國皇帝，中國歷史上唯一一位奴隸皇帝。

避諱，便將胡桃改為核桃；也有人說因為它是被包裹在長得像桃一樣的果實裏面的核仁，所以被稱為核桃。核桃在引進之初，是被當作珍貴果木種植在皇家園林以供欣賞，後來逐漸傳入民間，被廣泛種植在陝西、甘肅一帶。到了唐朝時，核桃的種植面積更廣，核桃樹的果實也成為人們喜歡的乾果之一。此外，唐朝還興起一種「揉手核桃」。所謂「揉手核桃」就是把核桃放在手裏揉來揉去不停地把玩，據說核桃上凸起的曲折紋路能夠刺激掌心的穴位，有利於延年益壽。經過長時間的把玩之後，手中的核桃就會被摩擦得潤澤光亮，具有一定的欣賞價值，被一些文人雅士爭相收藏，所以「揉手核桃」又被稱為「文玩核桃」。李白就曾在詩中把白胡桃比作珠寶，讚美它的潔白無瑕。明清時期文玩核桃達到頂峰，上至皇帝，下至平民百姓，都以手拿核桃為自豪。民間也因此出現許多與文玩核桃有關的諺語，例如「貝勒手中三件寶，核桃、扳指、籠中鳥」「核桃不離手，能活八十九，超過乾隆爺，閻王叫不走」等。直到現在「文玩核桃」依舊是中國特有的一種文化現象。

菠菜：看過《還珠格格》的人都知道，乾隆皇帝帶還珠格格出巡時，紫薇通過巧取菜名贏得了皇帝的歡心，其中一道菜叫作「紅嘴綠鸚哥」，它實際上就是我們現在生活中常見的菠菜，綠綠的菜葉，紅紅的菜根，可不就是菜如其名！很多人都以為菠菜是起源於中國的傳統蔬菜，實際上，在唐代以前，中國根本就沒有菠菜這種蔬菜。菠菜的初名為菠薐菜，明代**李時珍**在《本草綱目》中又稱其為「波斯草」。菠菜的原產地為古代波斯，即今天的伊朗地區。根據《冊府元龜》等相關史料的記載，菠菜是在唐代貞觀年間被尼泊爾當作貢禮，經由絲綢之路傳入中國。對於當時的廣大群眾來說，菠菜作為一種新興植物，需要一定的時間去了解和接

李時珍（1518年－1593年），字東璧，湖廣黃州府蘄州（今湖北蘄春）人，明代著名醫藥學家。李時珍歷經27個寒暑，三易其稿，完成了192萬字的巨著《本草綱目》，被後世尊為「藥聖」。

受，因而在唐朝，菠菜主要作為一種草本食材來食用，種植面積並不廣，食用人群也主要是一些草本學家以及服用丹石類藥物的人。例如唐代的醫藥學家和養生學家孟詵，他撰寫的《食療本草》是目前世界上現存最早的食療專著，他在這本書中就記載了菠菜的一些醫藥價值，例如吃菠菜不僅有利於五臟，而且能夠通理腸胃、解酒毒，尤其對於那些經常服用丹石類藥物的人來說食用效果最佳，同時又指出長期過量食用菠菜則會導致腿腳虛浮，走路不穩，並引發腰痛，且與魚同時食用的話還會引發腹瀉。除此之外，基於菠菜不僅易成活，生長周期短，產量大而且口感好等諸多優點，它還逐漸受到普通民眾的喜愛，成為一道菜食。到了宋代以後，它的種植面積已經相當廣泛，成為許多百姓飯桌上常見的冬春時令蔬菜，甚至一些文人墨客也開始賦予菠菜一些耐寒、堅強的品格，成為中國飲食文化中重要的一部分。

四 法顯、玄奘的取經之路

在絲綢之路上有這樣一群人，手無寸鐵，身無分文，卻勇於孤身穿越人跡罕至的戈壁沙漠，跨過巍峨聳立的雪山，他們不為錢財，不為名利，只為了心中不滅的信仰，法顯和玄奘就是其中的代表。

法顯出生在平陽郡武陽縣（今山西臨汾）的一個貧苦家庭，三歲那年他的三個哥哥先後夭折，父母為了讓他健康平安地長大，把他送入寺院，從此與佛法結緣。他生活的東晉時期是一個群雄割據的時代，戰爭使大地變得滿目瘡痍，人們痛苦不堪卻又無能為力，只能將希望寄託在神靈身上。

法顯

強調因果報應以及來世幸福的佛教順應時代的需要，逐漸興盛起來。然而佛教的興盛在為法顯這樣貧苦之人帶來更多庇佑的同時，卻又因為戒律不全導致越來越多的佛教徒行為無法可循，甚至被歹人利用做一些不法之事。法顯經過幾十年的修行和探索後，認為在當時的中原大地已經找不到能夠完善佛教戒律清規的典籍，只有到佛祖的誕生地 —— 天竺（今印度）才有可能尋到，於是他決定親自到西天取經。公元399年，已經65歲高齡的法顯與慧景、慧應等人結伴從長安出發，沿着絲綢之路開始了天竺之行。他們先是西出陽關，穿過上無飛鳥、下無走獸，只能依靠枯骨辨認路途的八百里沙漠，然後經過鄯善、焉耆、于闐等西域小國，翻越艱險陡峭的葱嶺，跨過印度河，最終到達天竺。此時，與他同行的夥伴不是中途放棄就是死在了路上，只剩下法顯和道整兩人，他們來到中天竺最大的城市巴連弗邑（又名華氏城，今印度巴特那），在那裏學習**梵語**，搜集、抄寫戒律，待了三年。道整留戀當地的生活不願再返回故土，但是法顯卻始終把將原始戒律帶回中原地區作為自己人生最大的責任，東歸的意念毫不動搖。但是此時的他已經70多歲了，想要孤身一人原路返回，不僅要翻山越嶺還要攜帶大量經書，幾乎是不可能完成的事，於是他改變路線，南下到獅子國（今斯里蘭卡）坐船走海路，經過南海到達中國廣州，再北上返回故土。不難想像，在航海技術不發達的古代，法顯又會遇到怎樣的驚險。在經歷了長達數月的海上漂流之後，他終於踏上故土，成為真正到達天竺並攜經歸來的第一人。回到中原之後，他就開始了緊張的佛經翻譯工作，在有限的時間裏，翻譯出經典六部共六十三卷，計一萬多言，其中的《摩訶僧祇律》成為佛家的五大戒律之一，對中國佛教的發展產生了深遠的影響。此外，他還把自己的經歷寫成一部書，取名《佛國

梵語，印度的古典語言。佛教稱此語為佛教守護神梵天所造，故稱其為梵語。現代語言學研究表明，梵語是印歐語系最古老的語言之一，同時對漢藏語系有很大的影響。

記》，介紹了沿途經過的二十多個國家的風土人情和地形地貌，為後世了解當時的西域以及天竺等地的發展情況提供了重要參考。

二百多年後的唐朝，又有一位偉大的僧人同樣踏上這條艱苦的西天取經之路，這個人就是玄奘。提起玄奘，人們總會想起《西遊記》中那個善良仁慈但手無縛雞之力的唐僧，似乎如果沒有孫悟空和豬八戒等人幫助，他是無論如何都完不成西天取經的任務。但事實上，《西遊記》只是明代小說家吳承恩撰寫的古典神話小說，裏面的孫悟空、豬八戒等都是作者虛構出來，只有玄奘才是真實存在的，而真實的玄奘遠比《西遊記》中的唐僧更加勇敢強大。

玄奘俗名陳禕，出身洛陽名門世家，但是幼年不幸，父母早亡，後來隨哥哥進了淨土寺學習佛經。他在佛學上非常有天分，同時也非常勤奮，年紀輕輕便取得了很高的成就，被世人評為佛門千里駒。但是通過進一步學習他發現，由於原始佛經典籍的不足以及翻譯、傳抄上的訛誤，佛教在中國的傳播過程中出現許多分歧，尤其是南方攝論與北方地論關於法相的爭論很大，於是他便決定追本溯源，到天竺取得更多原始梵文佛經以改變當時的中國佛教現狀。當時唐朝與突厥之間關係緊張，政府禁止出境，玄奘無法取得出關文牒，於是他夾在一群逃難者之間私混出關。玄奘面臨的不只是豺狼虎豹與自然環境的威脅，還有偷渡的風險。但是比較幸運的是，他沿途遇到許多信佛的官員，在他們的幫助下，他有驚無險地通過涼州、玉門關以及五峰，走出了唐朝政府控制的轄區。出了五峰，就是一望無際的沙漠，黃沙滾滾，死寂一片，在這裏他險些命喪黃泉。他也曾想過放棄，但是為了心中的信仰，最終還是選擇了堅持，終於到達西域。在接下來的行程中，他遭到過扣留，遭遇過強盜，甚至遇到過

日本奈良天理大學圖書館藏敦煌《行腳僧圖》

謀殺，但還是憑藉頑強的毅力和虔誠的信仰化險為夷。經過重重跋涉，他終於到達天竺，來到了世界佛教的學術中心——那爛陀寺，在這裏他拜學問高深的戒賢法師為師，潛心學習五年，不僅佛法水平大有提高，還學會了梵語。隨後他又遊歷天竺各地，廣增見聞，成為通曉三藏的十大高僧之一。崇信佛教的**戒日王**專門為玄奘舉行了全天竺宗教學術辯論會。但是在這場歷時長達17天，參與人數高達數千人的辯論會上，竟然沒有一個人能辯倒玄奘。玄奘也因此名震印度，被尊稱為「大師」。公元643年，為了把佛教在中原地區發揚光大，玄奘拒絕了戒日王以及眾僧的挽留，選擇啟程回國。玄奘歸國後，不僅受到民眾的熱情歡迎，還獲得唐太宗的親自接見。在唐太宗的支持下，他借助皇家力量，組織大規模的翻譯佛經活動，共翻譯經書1335卷，同時他還創立了法相宗這一新的佛教派別，極大地推動了當時佛教的發展。此外他還應唐太宗請求，根據自己的見聞編寫了一部《大唐西域記》，詳細介紹西域、天竺等地的風土民情、歷史、地理等情況。

法顯和玄奘都為中西方文化交流做出了重要貢獻。

> 戒日王，印度戒日王朝國王（公元606年－647年在位），戒日王朝的建立者，印度古典文化的集大成者，印度歷史上著名的國王、劇作家兼詩人。

五 唐蕃古道

唐蕃古道是中國歷史上一條非常著名的交通大道，有「絲綢南路」之稱。它起自陝西西安（即長安），沿絲綢之路東段西行，經甘肅、青海，最後到達西藏拉薩（即邏些），全長3000餘公里。唐蕃古道的歷史最早可以追溯到漢朝，這一時期，中原通往青海、西藏的大道基本形成。唐朝

時期，統治者實行開明的民族政策，唐蕃古道由此進入繁盛時期。公元640年，唐太宗將弘化公主嫁給吐谷渾國王諾曷鉢，並封他為河源郡王，弘化公主從唐都長安出發，經今定西市的隴西縣、渭源縣、臨洮縣渡黃河達青海成婚，此為唐蕃古道最早的路段；文成公主入藏揭開了唐蕃古道歷史上最為重要的一頁。吐蕃首領松贊干布仰慕唐王朝強盛與燦爛的中原文化，為了加強與唐朝的關係，貞觀八年（公元634年），松贊干布派使臣出使唐都長安，請求聯姻。貞觀十五年（公元641年）唐太宗允許文成公主與松贊干布成婚，命江夏王李道宗護送，走的也是弘化公主所經的道路。文成公主到達青海後，經樂都，翻日月山，去鄂陵湖和扎陵湖地區，與前來迎親的松贊干布一同進藏前往拉薩；唐中宗景龍四年（公元710年），再次應吐蕃之請，唐朝金城公主入藏與吐蕃贊普**尺帶珠丹**（又稱赤德祖贊）聯姻，並將黃河九曲之地（今青海境內）作為聘禮讓於吐蕃管轄。弘化公主、文成公主以及金城公主的入藏聯姻之路，後來都被稱為「唐蕃古道」，唐蕃雙方使官也通過這條路來往，自公元634年至842年的209年時間內，唐蕃雙方使者互相來往約有200次之多，其中吐蕃使者入唐次數尤多，唐蕃古道促進了漢藏兩大民族之間的溝通和交流，是漢藏兄弟民族關係友好的重要橋樑。

尺帶珠丹，又譯赤德祖贊，吐蕃王朝第36任贊普，公元704年至755年在位。在位期間，他迎娶了唐朝金城公主，此後多次與唐朝交戰，兵敗丟失青海，求和於唐朝，與唐朝爭奪西域霸權失利。公元755年，被大臣弒殺。

第五章

陸上絲綢之路的衰落

　　古代絲綢之路的發展，是以陸上絲綢之路與海上絲綢之路的興替為線索的。以公元755年 - 763年的「安史之亂」為分水嶺。唐中期以後，由於唐帝國逐漸衰落，藩鎮割據、牛李黨爭、宦官專權，唐帝國對西域及陸上絲綢之路的控制大大減弱。自漢代以來興起的陸上絲綢之路逐漸衰敗，西北陸路長期受阻。而經濟重心南移的完成，也使中國社會的經濟呈現出南方超過北方，東方超過西方的特點。與此同時，海路逐漸受到重視，並在宋、元時代以及明前期始終保持興盛。儘管蒙古帝國建立後，從中國一直向西延伸到中亞、西亞乃至歐洲的陸上通道一度復興，但隨着帝國的瓦解又陷於沒落。明永樂朝後，中國在西北方向採取守勢，退入嘉峪關自保，陸上絲綢之路徹底衰落。

一　河西走廊最後的輝煌

　　漢代大將霍去病經過三次河西戰爭，終於收復的戰略要地河西走廊，在唐朝時迎來了它最後，也是最為輝煌的時期。公元639年，地處大唐邊境西北，新疆吐魯番東南的一個小國高昌國在西突厥的支持下，想要利用自己地處河西走廊西部端口的地理位置優勢，斷絕西域和大唐的貿易往來。當時高昌的國王麴文泰扣留了從西域前往大唐的商人使團，於是唐朝皇帝李世民就徵召麴文泰前去見他，可麴文泰一心要和大唐決裂，堅決不肯前去觀見。李世民盛怒之下，派大將軍**侯君集**帶兵前去征討。侯君集馬到成功，一舉攻破了高昌城。攻破高昌之後，唐朝在西北設立安西大都護府，進一步加強了對西北邊疆的管理，河西走廊地區也因此重新繁榮起來。

侯君集（？－公元643年），字君集，豳州三水縣(今陝西旬邑）人，唐朝名將。唐太宗即位後，他參與滅亡東突厥，大破吐谷渾，領軍滅亡高昌等戰役，名列凌煙閣二十四功臣。

　　在侯君集帶着戰俘和戰利品班師回朝的時候，一批當初隨軍而來，在軍隊中擔任後勤工作的應召畫師、工匠被河西走廊一個叫敦煌的西北小城所吸引。敦煌本是漢武帝時期河西戰役之後，在河西走廊設置的四個郡之一，漢武帝想取「盛大輝煌」之意，所以給這裏取名為敦煌。來自長安城的工匠、畫師發現，這裏雖然地處西北邊陲，但卻十分熱鬧富饒。而最為吸引他們的，是鳴沙山上成百上千個開鑿在石窟裏的佛像、壁畫。這裏由於地理原因，還保留着從天竺傳來的佛教，幾乎人人信仰佛教，家家捐鑿石窟。前輩畫師用他們靈動的畫筆，在洞窟中描繪着心目中的極樂世界。一幀一幀畫卷在眼前展開的時候，這些來自長安城的年輕畫師的內心受到了極大的震撼。他們自願留在這裏，在這些昏暗的石窟裏留下自己濃墨重彩的一筆。這些年輕畫師來自長安，代表着當時最流行、最先進的繪畫風格，他們把礦石砸碎，研磨成粉末用水調和，收集植物榨取汁液，從自然萬物中汲取原料和靈感，用手中的畫筆將一幅幅色彩華麗、場景宏大、

唐代莫高窟第45窟胡商遇盜圖

美麗如瑤池仙女的畫作繪製在石窟內的牆面上。他們按照自己心目中的樣子描畫神的形像。這些神靈表情真實，帶着親切的世俗生氣，很快被敦煌居民接受和喜愛，一時間前來邀請畫師作畫的居民絡繹不絕。其中，藝術成就最高的當屬我們現在所熟知的莫高窟第220號石窟 —— 翟家窟。翟家窟採用長安的繪畫風格，石窟的東、南、北壁分別繪製維摩詰經變、西方淨土變和藥師經變畫。唐代的佛窟壁畫改變了魏晉時期以連環故事情節為特徵的繪畫形式，而將複雜的佛經故事糅合進一幅完整的畫作。在這個歷史的節點上，這些年輕的畫師完成了唐代繪畫領域一次巨變。時至今日，人們依舊驚歎於敦煌壁畫的華麗飄逸。這些壁畫就像我們中華民族歷史長河中的一顆明珠，雖然歷經時光與風沙的洗禮，依舊光彩熠熠，明豔動人。

　　河西走廊作為當時內地通往西域必經的陸上通道，在唐代比較開明的對外政策下，會集了來自中亞、西亞乃至歐洲的商人，他們從自己的國家出發，將本國的特色商品裝載在駝背上，千里迢迢，長途跋涉，翻越高原雪山，穿過茫茫大漠，最終會集在河西走廊各地的集市上。他們把來自異域的寶石、香料、動物毛皮、特產作物擺在攤位上，熱情地向人介紹、兜售，賣得銀錢之後，他們又將中國的絲綢、茶葉、瓷器帶回西域和歐洲。當時的中國瓷器在歐洲受到貴族們的狂熱追捧，他們以擁有中國瓷器作為自己財力和品位的標誌。因為中國的瓷器在歐洲太受歡迎，常常供不應求，於是歐洲人開始仿照中國的製瓷工藝，燒製帶有青花的瓷器。至今，我們還能在一些歐洲的博物館中見到當時人們仿製的中國瓷器。

　　河西走廊不僅給去往西域的商品提供了便利，同樣也有很多外國產品進入了中國市場。這些來自中亞、西亞、歐洲

唐代黑人牽駝俑

等地的商人們還帶來了很多當時中原王朝從沒有過的東西，比如流光溢彩的玻璃製品，帶着濃厚西域風格的容器，還有我們現在經常吃到的胡蘿蔔、菠菜、大蒜、石榴、葡萄……這些都是由當時的西域商人帶入河西走廊，後來才慢慢在國內廣泛流行和食用的。

當時西域和中亞的一些小國多歸附於唐朝，這為中原和西域的交往創造了一個和諧穩定的環境。與前代略有不同的是，此時來往河西走廊的外國人中，除了進行貿易的商人之

外，還多了一些被派遣到中國學習的遣唐使，以及遠道而來
進行傳教的傳教士。大唐以博大的胸襟接納了這些客人，讓
他們在中國學習文化經典及先進的科學技術，學成之後返回
自己的國家再次進行傳播，幫助自己的國家發展。大唐的風
骨幾乎影響了當時整個世界。同時，這些來自異域的人們也
給大唐帶來了耳目一新的體驗：異域風情的女子身穿色彩絢
麗的舞裙，腳踩圓形的小胡毯，伴隨着音樂蹁躚而舞，女子
腰肢柔軟，裙裾飛揚，這就是當時中原地區廣為流行的「胡
旋舞」。時至今日，胡旋舞早已經失傳，但我們仍舊可以從
歷史典籍裏，從經年流傳的畫作裏尋找到當時女子的身影，
他們給塵封千年的歷史增添了一抹亮麗的色彩。

　　唐代有一個叫**張説**的詩人曾寫過一首描繪長安城正月
十五元宵燈會華麗場景的詩：「帝宮三五戲春台，行雨流風
莫妒來。西域燈輪千影合，東華金闕萬重開。」這首詩描寫
了元宵節時長安燈市繁華的景象，詩中有來自西域的燈輪，
有來自中原王朝的花燈、戲台，身着不同民族服飾的人們穿
梭其間，用不同的語言讚歎着這場絢爛的燈會，這是大唐
王朝，也是河西走廊極致輝煌的時刻。後來，公元755年，
「安史之亂」爆發，唐帝國由盛轉衰，青藏高原上的吐蕃崛
起。此後的七十多年裏，河西走廊被控制在吐蕃人的手中。
經過唐末以及五代十國的頻繁戰亂，河西走廊在戰火中逐漸
衰落，再也不復當年的繁華了。

　　遺憾的是，河西走廊敦煌璀璨的唐文化遺存一直未見天
日。光緒二十六年（公元1900年），敦煌莫高窟後山的一座
道觀中，看守莫高窟的道士王圓籙，同他僱用的抄錄經書的
楊某在第16窟幹活的時候，楊某將紙煙中的捻子隨手插入靠
近洞窟邊上北側的縫隙裏，紙煙隨即陷入縫隙，這引起了
王、楊二人巨大的興趣。二人連夜破壁，發現北牆之外另

張説（公元667年－730
年），字道濟，一字説之，河
南洛陽人，唐代政治家、
軍事家、文學家。

唐代三彩男胡人騎馬俑

有一洞，裏面藏滿了大量古代文物，塵封近千年的敦煌遺書
重新面世。1907年，英國人斯坦因在進行他的第二次中亞探
險時，發現了敦煌藏洞和珍貴文獻。斯坦因找到一個名叫蔣
孝琬的翻譯，以欺騙的方式，從王圓籙手中騙得敦煌遺書24
大箱，隨即運回英國，在西方世界引起了軒然大波。斯坦因
的經歷為敦煌寶藏引來了一場滔天浩劫，西方掠奪者紛紛以
「探險」的名義湧至敦煌，其中以法國人**伯希和**最為著名。
1908年，伯希和趕至敦煌，利用其通曉漢語的便利，再次從
王圓籙手中騙取敦煌遺書和文物數十筐，並輾轉運往巴黎。
敦煌寶物流失的消息傳入內地後，舉國震驚。大量文人、士
大夫和愛國者紛紛上書清廷，要求國家出面進行干預。直至
1909年，清廷才電令當時的陝甘總督將剩餘的敦煌文物押運
至北京。而途中這些文物又遭到一些地方官員及日本人、俄
國人的掠奪，敦煌文物因此散落世界各地。

1908年，伯希和在藏經洞

　　19世紀末至20世紀初西方掀起新疆探險熱潮，有俄
國、日本、德國、英國、法國和美國等探險隊來西北考察探
險，造成了中國大量珍貴文物和文獻的損壞與流失。日本人
大谷光瑞1900年被派往歐洲考察宗教，見到斯坦因、伯希和
等人中亞探險的成果，決定前往中亞探險，從而揭開了日本
考察中國西北的序幕。大谷光瑞組織了三次赴中國西北考
察的探險隊。其中1908年－1909年第二次探險是考察活動
收穫最大的一次。大谷光瑞派橘瑞超和野村榮三郎前往，主
要發掘吐魯番、樓蘭、庫車等地遺跡，並在吐魯番與樓蘭有
重大發現，劫取了豐富的寶藏，著名的《李柏文書》就是在
樓蘭被發現的。俄國人**科茲洛夫**是中亞考察家，他曾多次進
入中國新疆、青海、西藏考察。1886年，俄國旅行家波塔
寧到中國西部探險後，在著作裏記載了一個叫黑城的神祕地
方。1907年－1909年科茲洛夫領導考察隊，在內蒙古阿拉

大谷光瑞

科茲洛夫

善盟額濟納旗境內的額濟納河下游接近居延海的地區發現西夏古城黑水城遺址，從中發掘出大量文物，其中包括僅存的西夏文、漢語雙語詞典《番漢合時掌中珠》。除舉世聞名的大宗西夏文刊本和寫本外，尚有漢、藏、回鶻、突厥、女真、蒙古文等卷籍和畫卷、元鈔、織品、雕塑等器物。西夏文獻存於俄羅斯皇家科學院亞洲博物館（今俄羅斯科學院東方學研究所聖彼得堡分所），總計八千多號，其收藏量居世界之冠。20世紀初，德國柏林民俗博物館曾派遣「普魯士皇家吐魯番考察隊」先後四次在新疆地區進行探險考察。1906年，德國「第三次普魯士皇家吐魯番考察隊」到達新疆拜城縣克孜爾鄉東南7公里木扎提河（渭干河）北岸的克孜爾石窟。考察隊由四人組成，隊長格倫威德爾對洞窟形制、壁畫內容和佈局、紋飾圖案等都做了較詳細的記錄。勒柯克和巴圖斯發現了許多珍貴的古代寫本、木版畫、塑像、壁畫殘塊等文物。波爾特拍攝了洞窟外景、洞窟形制和壁畫，並丈量洞窟、繪製測圖。德國探險隊在克孜爾石窟肆意盜割了大量的壁畫，連同雕塑、木版畫等珍貴文物一起運往柏林。這給克孜爾石窟造成了無法估量的損失，也給今人留下一副斑斑斧痕、千瘡百孔的慘象。1923年，美國人**華爾納**一行到達北京，找了一個叫王近仁的翻譯，並由於政治原因得到直系軍閥吳佩孚的支持，為他們在中國的行動提供了極大的方便。考察團首先由北京到西安，然後才正式開始考察，第一個目的地是黑城遺址，後前往敦煌，中途華爾納的助手因為身體原因返回北京。1924年1月華爾納到敦煌莫高窟之後，經過參觀考察決定採用剝離壁畫和搬遷彩塑的方式進行文物盜劫。為了順利開展工作，華爾納給了當時看守莫高窟的王道士一些禮物讓王道士同意他揭取壁畫。華爾納以粗糙的手法剝離莫高窟唐代精品壁畫26塊。後來華爾納又以70兩銀子的

華爾納

價錢從王道士處得到了第328窟盛唐的精美彩塑供養菩薩像一身，此外，他還購得敦煌寫本《妙法蓮華經》殘卷。這些彌足珍貴的文物往往幾經流轉，在異國他鄉散發着絲綢之路的傳奇色彩。

二　馬可‧孛羅的美麗遊記

　　威尼斯是意大利東北部著名的「水城」，因水而生，因水而美，因水而興。除了蜿蜒的水巷，歡動的水波，還擁有眾多港灣和綿長的海岸線，是一個商貿繁榮的城市。1254年，**馬可‧孛羅**出生於威尼斯一個商人家庭。自然、社會環境及家庭背景培養了馬可‧孛羅的好奇心和冒險精神，他渴望認識、探索外面的世界，對神祕的東方有無限嚮往。1260年，作為商人的父親尼科洛、叔叔馬費奧前往東方，被東方的商機和異於西方世界的文化所吸引。1271年，父親、叔叔決定再次踏上東行之旅，爭取發現東方夢幻世界更多有趣見聞，尋求更大商機。這一年，年僅17歲的馬可‧孛羅懷着渴望了解東方和對中國景仰的心情，毅然決定跟隨父親、叔叔踏上東行的冒險之旅，開啟人生的新征程。

　　他們由威尼斯啟程，過威尼斯灣，沿亞得里亞海到達地中海東岸小亞細亞半島的阿迦城。經由亞美尼亞時，戰火正熾，因此繞道邊境折向南行。沿着兩河流域的美索不達米亞平原到達古城巴格達，再由此沿**波斯灣**南下，到達當時商業繁盛的霍爾木茲海峽。他們在霍爾木茲海峽等了好久，卻遲遲沒有等到前往中國的船隻，無奈之下，他們只能選擇較為艱辛的陸路前往中國。他們從霍爾木茲海峽向北進入陸

馬可‧孛羅

波斯灣是阿拉伯海西北伸入亞洲大陸的一個海灣，位於伊朗高原和阿拉伯半島之間，西北起阿拉伯河河口，東南至霍爾木茲海峽，長約970公里，寬56－338公里，平均水深約40米，最大深度104米。

地，穿越人煙稀少的伊朗高原，繼而向東。高原山地地區海拔高、空氣稀薄，到達阿富汗的東北端時，馬可·孛羅身體出現不適，經過一段時間的休養後繼續前行。他們即將進入的地區是中國最西端的帕米爾高原，群山起伏，連綿逶迤，雪峰群立，聳入雲天。馬可·孛羅憑藉頑強的毅力，克服重重困難，翻越帕米爾高原，進入中國境內，沿着絲綢之路繼續前行。他們歷經疏勒、莎車、葉爾羌、和闐（今新疆和田）等地，塔克拉瑪干沙漠時而是平靜的美麗，時而是肆虐的咆哮和狂放，沙漠裏的綠洲讓他們看到生存的希望，擁有前進的動力。他們騎馬、騎駱駝、步行交叉行進，繼續穿越河西走廊的沙州（今甘肅敦煌）、肅州（今甘肅酒泉）、甘州（今甘肅張掖），進入蒙古草原，沿着黃河「几」字形前行，一望無際的草原，成群的牛羊，讓馬可·孛羅等人感到心曠神怡，他們因即將到達目的地而備感興奮。整個行程歷時三年多，於1275年夏抵達元上都（今內蒙古多倫）。

忽必烈

同年，馬可·孛羅到達元大都（今北京），元朝皇帝**忽必烈**認為他是一位優秀的青年才俊，很器重他。馬可·孛羅也沒有辜負大家對他的期望，他認真學習蒙古語、漢語等多種語言，了解各地風俗，為以後遊覽、訪問、任職奠定堅實基礎。從1275年到1292年的17年間，他在元朝擔任職務並訪問多個地區，為元朝的發展貢獻自己的智慧。他首次接受忽必烈委派訪問巡視雲南，途經山西、陝西、四川等地，逶迤的黃河、蜿蜒的秦嶺、奔騰的金沙江都給馬可·孛羅留下了深刻的印象。馬可·孛羅第二次遊覽江浙、福建等地，還在揚州任職三年，「上有天堂，下有蘇杭」，江南地區的小橋流水、魚米之鄉，繁榮的商業貿易讓馬可·孛羅流連忘返。對中國的訪問讓馬可·孛羅大開眼界，接下來到其他國家的遊覽更是讓他受益匪淺。他還出使過亞洲其他國家，如日本、印度、菲律賓等，對亞洲各國有了更深入的了解。

　　蒙古公主闊闊真要遠嫁波斯，離開祖國17年之久的馬可·孛羅等人決定護送公主出嫁，並順道返回意大利。1292年夏，馬可·孛羅等人選擇海路，從福建泉州出發，沿海岸線南行，經過東南亞地區，穿越蘇門答臘島、馬來半島間的**馬六甲海峽**，繼而西行，到達斯里蘭卡後再沿着印度半島西海岸北上，到達霍爾木茲海峽後轉陸路前行。平靜的海面像一位温柔的女子，憤怒的大海像一頭猛獸，號叫、狂躁，狂風暴雨掀起滔天巨浪，船上隨行的人不斷減少，馬可·孛羅等人憑藉頑強的毅力前進。在護送公主抵達波斯後，馬可·孛羅一行人繼續西進，從君士坦丁堡乘船，於1295年返回闊別24年的家鄉威尼斯。馬可·孛羅此次東行，不但對東方更為了解，而且帶回許多東方的特產和珠寶。周圍人看得目瞪口呆，心生羨慕和崇拜。大家贈給馬可·孛羅一個綽號——「百萬馬可」。

　　後來，馬可·孛羅在威尼斯和熱那亞的海戰中被俘，在獄中認識了比薩作家魯斯蒂謙。閒暇時，馬可·孛羅口述，難友魯斯蒂謙筆錄完成了《馬可·孛羅遊記》。這是歐洲人撰寫的第一部詳盡描繪中國歷史、文化和藝術的遊記。《馬可·孛羅遊記》共分四卷：第一卷記述馬可·孛羅等人從威尼斯到元上都沿途所經之地的見聞。大亞美尼亞蜿蜒險峻、終年積雪的山脈；起兒漫和科貝姆之間的大荒原與苦泉水；人跡罕至、空氣稀薄的帕米爾高原；巴格達美麗的絲綢和繡花錦緞；波斯王國著名的馬匹和豐富的物產；忽里模子（又譯忽魯謨斯，今伊朗東南部）城港口往來的印度香料和珠寶；葉爾羌城明媚的花園和壯麗的建築；和闐城的富庶；沙州城的埋葬儀式；哈密招待客人的奇異風俗等，展現了沿途的自然地理環境，各國的獨特物產和當地居民的生活習俗，書中還記述了佛教、伊斯蘭教、基督教等多種宗教在絲綢之路沿線城市的傳播崇奉情形。第二卷記述元朝國內情況，包

馬六甲海峽是位於馬來半島與印尼蘇門答臘島之間的漫長海峽。海峽呈東南－西北走向，全長約1080公里，西北部最寬達370公里，東南部最窄處只有37公里，是連接溝通太平洋與印度洋的國際水道。

括忽必烈大汗和他的宮廷及馬可·孛羅遊歷各地的見聞。忽必烈大汗擁有豐功偉業與至高權勢；元大都宮殿華麗、恢宏，道路四通八達，房屋鱗次櫛比，商品琳瑯滿目，市場裏人們絡繹不絕；馬可·孛羅對大都外圍的永定河、盧溝橋、涿州城也進行過描述；與大河相依的成都富饒，西藏荒涼；淮安、高郵、南京、蘇州、杭州盡顯江南風情，商貿也十分繁盛，中國廣袤的土地和無窮無盡的財富在馬可·孛羅筆下躍然紙上。第三卷記述其他國家，如日本、越南、東印度、南印度、印度洋沿岸及諸島嶼等。印度船舶設計精密；日本黃金滿地、人民舉止文明等，使歐洲人首次了解亞洲多個國家情況。第四卷記述韃靼王（蒙古各王）之間的戰爭和北方各國的情況。元朝時期的中國對世界影響較大，馬可·孛羅在中國生活時間最長並遊覽多個地區，因此全書的重點是對中國情況的敍述。華麗的宮殿、繁榮的商業、無盡的財富、完備的交通體系是《馬可·孛羅遊記》記述的重點，也是相比歐洲更令馬可·孛羅羨慕、景仰之處。

《馬可·孛羅遊記》向西方人展現了富饒、遼闊的東方，美麗的自然風光、富麗堂皇的城市建築、繁榮的商業貿易、充足的黃金香料，引發西方人對東方世界的無限嚮往。《馬可·孛羅遊記》也為15世紀的航海事業做出重大貢獻。航海家受到遊記的鼓舞，激發了前往東方冒險的鬥志。中世紀時期的歐洲商業貿易主要集中在地中海地區，受到阿拉伯人的控制，歐洲人為了低價獲得東方商品以贏得更大利潤，西班牙、葡萄牙等國航海家沿大西洋開闢新航路，成為地理大發現的開端。從此，世界進入一個新的時期。馬可·孛羅是東西方交流的見證者，《馬可·孛羅遊記》是東方文明的傳承者，是人類世界永遠的瑰寶。

三　萬里茶道

　　17世紀，中國的磚茶已在俄國和歐洲培養起一個穩定而龐大的消費群體，尤其是西伯利亞一帶以肉奶為主食的遊牧民族到了「寧可一日無食，不可一日無茶」的地步，他們需要依靠飲茶來消食化膩。此時，茶葉已超越絲綢和瓷器，成為清王朝最大宗的出口商品。中俄萬里茶道是繼「絲綢之路」後又一條溝通歐亞大陸的國際貿易通道。從17世紀到20世紀持續興盛的「萬里茶道」成為連通中俄兩國的「世紀動脈」。它起於中國南方產茶區福建武夷山，途徑中原、華北，穿越蒙古高原，最終到達俄國的聖彼得堡並延伸至歐洲，綿延約1.3萬公里，成為名副其實的「萬里茶道」。

　　雖然茶葉產自中國的南方，而經營者卻是非產茶之省的晉商（山西商人）。早在明朝時期晉商的經營範圍向北已抵達蒙俄邊境，向南則到達南方產茶區。最早的中俄茶葉貿易就萌發於此，「茶皮貿易」是其主要的交易形式，即用晉商採購的茶葉換取俄國珍貴的毛皮。晉商以其雄厚的財力，靈活多變的經營之道，敢於冒險的創業精神，在長途販運貿易中，逐漸開拓和形成一些商道，貨行天下，匯通天下。

　　1727年中俄兩國簽訂《恰克圖條約》，從此確立了恰克圖邊境通商口岸地位。在這一時期，俄國從中國輸入茶葉的增長率超過整個西方世界對中國產業的需求增長。至此，從福建武夷山到俄羅斯的萬里茶道正式形成。中國南方產茶區的茶葉大多由福建崇安下梅村出發，過分水關，進入江西後在鉛水縣裝船順信江而下，穿鄱陽湖出九江口入長江，溯江而上到武昌，再轉漢水至樊城（今湖北襄陽）起岸，經河南唐河、社旗進入山西，途經澤州（今山西晉城）、潞安（今山西長治）、大同到張家口，再由張家口經庫倫抵達恰

　　《恰克圖條約》由中俄雙方代表於雍正六年（公元1728年）在恰克圖（今屬俄羅斯）訂立。《恰克圖條約》是確認中俄此前各項條約的總條約，共11款。《恰克圖條約》由中俄雙方在相互協商的基礎上簽訂，對沙俄進一步侵佔中國領土起到了遏制作用，中俄恰克圖互市也隨着該條約的簽訂發展起來。

克圖；或者進入山西後出殺虎口，經由歸化抵恰克圖。茶葉在恰克圖完成交易後，由俄商運輸，橫跨西伯利亞，最終抵達聖彼得堡，其間還會有多條分支輔路延伸至中亞和歐洲其他國家。

　　清代咸豐年間，受太平天國兵火影響，茶道一度中斷，晉商茶源從福建改為以漢口為中心的兩湖地區。第二次鴉片戰爭後，漢口成為新闢的通商口岸之一。俄商獨佔漢口茶市半個多世紀，另闢「漢口—上海—天津—通州—張家口—恰克圖」的運茶路線，中俄之間的萬里茶道隨着鐵路的通車、印錫茶的崛起以及蘇俄的茶葉進口限制，逐漸淡出歷史舞台。萬里茶道，馬蹄聲聲，茶香縷縷，商賈雲集，這條貫通中西的萬里茶葉之路也深深影響了沿途各地的商業、文化及生活方式。

四 海上絲綢之路的興起

沙畹

埃瑪紐埃爾・愛德華・沙畹（1865年－1918年），法國漢學家，學術界公認的19世紀末20世紀初世界上最有成就的漢學大師，公認的「歐洲漢學泰斗」。

　　「絲綢之路」是古代中國與外國交通貿易和文化交流的主要通道，根據貿易途徑的不同又分為陸上絲綢之路和海上絲綢之路。柔順細膩、高貴典雅的絲綢是早期貿易的主要物產，因此1877年，德國地質學家、地理學家李希霍芬提出了「絲綢之路」這一名詞來形容從西域到古希臘、古羅馬的陸路貿易通道。後來，法國漢學家**沙畹**進一步提出「海上絲綢之路」這一名詞，細化了「絲綢之路」這個概念。為了聯絡西域其他國家對抗匈奴，漢武帝派遣張騫出使西域而開通的道路成為陸上絲綢之路的基礎。但此道路需要穿過風沙漫天的荒漠，翻越人跡罕至的蔥嶺，自然環境十分惡劣，所經國

家的社會動亂也會對行程造成威脅，陸上絲綢之路存在多種無法克服的障礙。中國擁有綿長的海岸線及全年不凍港，海路運載量大，價格低廉，且航海和造船技術不斷提高，這些都為海上絲綢之路的開啟創造了有利條件。

《漢書‧地理志》中有關於海上絲綢之路最早的文字記載。公元前111年，漢武帝平定南越後，便派船隊攜黃金、絲綢等從廣東雷州半島的徐聞出發，沿北部灣和越南海岸一路南行，穿過馬六甲海峽到達黃支國（今印度）和已程布國（今斯里蘭卡），用黃金、絲綢等物品交換各地的奇珍異寶，進行經濟、文化交流。這時期東西方的海上貿易以印度半島為中轉站，是海上絲綢之路的興起階段。

隋唐以前，海上絲綢之路是陸上絲綢之路的補充和輔助，唐中期以後，由於戰亂等原因，海上絲綢之路成為對外貿易的主要通道。唐朝政府在廣州設立市舶使作為專門管理對外貿易的官員。以廣州、泉州、明州（今浙江寧波）、揚州四大港口為起點，向北沿海航行直達新羅和日本。向南穿越南海、馬六甲海峽進入印度洋、波斯灣，再沿波斯灣西海岸航行，出了霍爾木茲海峽行駛不久就能到亞丁灣、東非海岸，該路線被稱為「**廣州通海夷道**」。唐朝，中國同西亞、阿拉伯、非洲等地區已實現直達貿易，各港口舟船繼路、商使交屬，呈現出一片繁榮的景象，海上貿易獲得更大的發展。

宋元時期，海上絲綢之路進一步發展。宋代北方被遼佔領，主要偏居南方，國家重視對外貿易、經濟發展，再加上指南針的發明和航海、造船水平的提高，海上絲綢之路發展迅速。宋代，泉州超越廣州成為第一大港，元祐二年（公元1087年），宋代政府在泉州設立**市舶司**管理對外貿易。茶葉改變了人們的生活方式，漂洋過海，享受各國沸騰之水的

廣州通海夷道是指唐代中國東南沿海一條通往東南亞、印度洋北部諸國、紅海沿岸、東北非和波斯灣諸國的海上航路，是中國海上絲綢之路的最早叫法。據《新唐書‧地理志》記載，廣州通海夷道以廣州為起點，全長1.4萬公里，是當時世界上最長的遠洋航線，途經一百多個國家和地區。

市舶司是宋、元及明初在各海港設立的管理海上對外貿易的官府，相當於海關，是中國古代管理對外貿易的機關。

洗禮。瓷器含有東方元素，具有東方韻味，作為生活器物受到世界各地人民的青睞。宋代瓷器超越絲綢成為對外貿易中的主角。元朝疆域範圍廣大，政府支持商業貿易。在此基礎上，元朝對外貿易空前繁榮，領先世界。馬可·孛羅也被東方的繁華所震驚，留下了永垂不朽的《馬可·孛羅遊記》。

明朝海上絲綢之路發展到了頂峰。鄭和下西洋時期，以官方朝貢貿易為主，中後期的**隆慶開關**則是私人海上貿易發展的標誌。鄭和原名馬和，後進入朱棣燕王府，在靖難之役中立下戰功，明成祖賜姓鄭，改名為鄭和。從1405年至1433年的28年間，鄭和七下西洋，沿途經過三十多個國家和地區，最遠到達非洲東岸和紅海地區。1405年7月晴空萬里的一天，鄭和即將第一次踏上遠航的征程，上至皇帝下到平民百姓都和鄭和一樣，心中懷着難以自抑的緊張、興奮。太倉劉家港碼頭人山人海、摩肩接踵，岸邊一排排彩旗迎風招展，既是對前來送別的百姓的歡迎，又是對即將起航船隊的鼓舞與祝福。兩百多艘船隻整齊地停靠在岸邊，大的船隻稱為「寶船」，長150米左右，寬60米左右，船上設有桅杆和風帆，還配備了最先進的航海儀器。受湧動海水的力

隆慶開關指明朝隆慶元年（公元1567年），明穆宗宣佈解除海禁，調整海外貿易政策，允許民間私人遠販東西二洋。從此民間私人海外貿易獲得了合法地位，東南沿海各地的民間海外貿易進入了一個新時期，明朝貿易出現了全面開放的局面。

鄭和像

鄭和寶船復原模型

量影響，船隻上下浮動，似乎是要迫不及待地起航，去完成它光榮的使命。身材高大的鄭和在百姓的前呼後擁中走上寶船的甲板，他宣誓了對祖國的忠心和自己不辱使命的雄心壯志。船隊起航了，他揮手向岸上的百姓告別，游龍一般的船隊逐漸遠離海岸，鄭和放下不捨與留戀，心中湧上一股勇敢拚搏、完成使命的激情。船隊沿着東海、南海一路前行，乘風破浪。每到一個國家或地區，鄭和都會呈上明朝皇帝的國書，表明兩國友好交流、互通有無的希望並贈予精美禮物。鄭和的到來也受到各國人民的歡迎。百姓看到如此之大的寶船也是驚歎不已，驚羨於精美的絲綢、淡雅的瓷器。百姓可以拿當地的香料、珠寶等換取中國特產，商人也可以與中國進行一定的貿易往來。繁榮、熱鬧的背後也隱藏着兇險，大海像猛獸一般喜怒無常，狂風暴雨、巨浪滔天是家常便飯。面對呼嘯的狂風、一望無垠的大海，鄭和一行人展現出頑強的毅力和過人的才智，最終回到祖國，向皇帝介紹了沿途的見聞及收穫。鄭和前後七次下西洋將海上絲綢之路推到極盛，促進了中外物質、文化交流，為中國及世界海洋事業的發展做出重大貢獻。

此後，由於鄭和去世及倭寇的襲擾，海上絲綢之路一度衰落。隆慶元年（公元1567年），明朝政府開放港口，允許私人海上貿易，史稱「隆慶開關」。隆慶開關使明朝對外貿易獲得極大擴展，海上絲綢之路進入一個新的發展階段。貿易規模、區域擴大，商船數量增加，中外貿易商人熙熙攘攘，船舶從此處揚帆起航，也在此處落帆歸港。福建漳州龍海市月港成為該時期唯一的通商港埠，全國的貿易商品匯集到此處再銷往世界各地；同樣，其他國家的產品運到月港後再分批銷售，整個月港呈現出一片繁榮景象，人民生活水平也獲得極大提高。因開通的是私人貿易，以經濟利潤為主，

因此貿易產品等級較多，既有奢侈品也有生活日用品。貿易範圍西至歐洲，東達日本、朝鮮等地。隆慶開關使私人海外貿易獲得合法地位，沿海地區經貿進入新的發展階段，白銀大量內流，對外交流也由上層社會轉向下層民眾，對外貿易出現了一個新的發展局面。

　　海上絲綢之路經歷漫長的演變時間，雖有波動，但未曾中斷。秦漢萌芽、唐宋元發展、明達頂峰，最終發展為東到日本、朝鮮，西到地中海、非洲等地的完整海上絲綢之路。海上絲綢之路是世界各地人民物質交換、經濟交流的通道，開始以絲綢為主，之後規模不斷擴大，加入瓷器、茶葉等中國物產，並獲取其他國家和地區的特產，滿足人民生活的需要。海上絲綢之路是世界各國文化、風俗傳播、交流渠道。它將亞、非、歐三大洲連接起來，各國文化、風俗在相互碰撞中交流、融合，人民通過自己的方式豐富世界文明，為人類進步和世界一體化做出重大貢獻。海上絲綢之路為中國文化的傳播貢獻了自己的力量，世界對勤勞、勇敢、友好、好客的中國有了更深入的認識。海上絲綢之路還見證了世界各國人民的友好往來，把各國人民緊密聯結在一起，真正體現了「有朋自遠方來，不亦樂乎」。

第六章　絲綢之路的偉大回歸

一 「一帶一路」知多少

　　了解千年的絲綢之路歷史，我們可以發現，古絲綢之路是人類發展歷史上光輝燦爛的一頁，體現了東方和西方之間政治、文化、經濟等方面的交往，在歷史時空中展現了一幅美好的畫卷。古絲綢之路是中華文明與亞歐非文明交往的有力佐證，體現了中華文明的輝煌與興盛，展示了中華民族的勤勞和智慧，將偉大的中國技術發明通過絲綢之路向西方傳播。

　　中華各民族自古以來相互依存、相互交流，共同發展，「絲綢之路」以其獨有的地域優勢和歷史功能，自始至終便是各民族頻繁交流的地區。各民族都有自己的文化，其中作為語言交流的文字在絲綢之路上有了深刻的交流，如**粟特人**的語言屬於印歐語系伊朗語族，隨着粟特人的消亡，其文字隨之退出歷史舞台，但在各民族交流過程中，回鶻文產生於粟特文，而在回鶻文的基礎上又創制出老蒙古文和蒙古文，後滿族又借鑒蒙古文創制出滿文，這些留存至今的文字文獻成為中國重要的文化遺產。隋唐時期，各民族、各地區的商人、使者、僧人、藝人通過絲綢之路雲集於唐都長安，胡服、西域胡樂以及舞蹈在長安城內極為盛行。同時，宗教也通過絲綢之路相互交流，實現了本土化。此外，通過絲綢之路，不少民族血統上互相滲透、交融，如一些早期屬印歐語系的民族如吐火羅人（即**月氏人**）、焉耆人、龜茲人、于闐人等消失了，一些影響較大的民族如匈奴、鮮卑、柔然、契丹、党項等民族也消失了，一些民族得以繼續發展，形成今天「絲綢之路」上各民族。絲綢之路像一根紐帶，聯結着內地漢族人民與邊疆少數民族人民，形成一個你中有我，我中有你而又各具特色多元融合的統一體，絲綢之路促進民族交

粟特人是古代生活在中亞阿姆河與錫爾河一帶的古老民族，從東漢直至宋代，一直往來活躍於絲綢之路上，以長於經商聞名於歐亞大陸。

吐火羅人是原始印歐人的一支，發源於烏拉爾山和南西伯利亞，南下進入塔里木盆地，最東到達河西走廊，是原始印歐人中最東的一支。中國稱大月氏。

融的同時，將會進一步成為東西方各民族交流交往的橋樑。

　　回顧絲綢之路的歷史，古絲綢之路開闢之初，就有大量善於經商的西方人往返於中原和西域。大量的基督徒、穆斯林也通過行商坐賈的形式來到中國定居。漢唐絲綢之路的繁榮，是不同民族、不同文化、不同宗教之間的廣泛交流，增加了亞歐大陸人口的流動性。頻繁的人口流動帶動了外族定居和民族間的通婚，促進了中國的民族融合，豐富了中國的民族多樣性，中華民族多元化格局形成。同時，民族融合也為古絲綢之路貿易的進一步發展提供了血緣紐帶，在一定程度上減少了貿易的文化障礙，提高了貿易效率。同時，歐洲商人和傳教士成為中國文化西傳的重要途徑，他們寫的信函、文件以及著作等文字材料經古絲綢之路傳回歐洲，成為歐洲全面了解中國的重要資料。

　　西方國家的文體活動，重要的樂器、音樂、舞蹈和服飾紛紛傳入中國，與中原文化相結合，對中國古代民族音樂、民族藝術的形成產生巨大的影響。今天我們在敦煌莫高窟看到的「飛天」反彈琵琶的形象，就是西域音樂和舞蹈與中華傳統文化高度結合後的產物。唐代以來，傳統文人士大夫的作品開始大量稱讚西域文化，一些歐洲和西亞的先進科學技術也逐漸傳入中國。而中國的思想結晶則隨着造紙術和印刷術的廣泛傳播，將漢字、儒家典籍、朝廷律令、醫學著作等傳入西方。1789年法國大革命後的《人權宣言》中，就蘊含着孔子「己所不欲，勿施於人」的「仁」的思想。儒家思想在西方世界反響極大，一些東南亞、太平洋沿岸國家甚至將其融入統治思想。

　　陸上絲綢之路與海上絲綢之路是以唐中期「安史之亂」為分水嶺的，「安史之亂」後，陸上絲綢之路逐漸荒廢，海上絲綢之路興盛起來。兩宋時期，城市經濟繁榮，南方經

《人權宣言》是法國大革命時期頒佈的綱領性檔。《人權宣言》採用了18世紀的啟蒙學説和自然權論，宣佈自由、財產、安全和反抗壓迫是天賦不可剝奪的人權，肯定了言論、信仰、著作和出版自由，闡明了權力分立、法律面前人人平等、私有財產神聖不可侵犯等原則。

濟重心形成，海上絲綢之路的貿易取得了巨大的成功，為元明時期海上貿易的興盛奠定了基礎。尤其是明初鄭和七下西洋，建立了以明王朝為中心的朝貢貿易體系，宣示了中國的海權。隆慶年間開放海關，准許商品長途販運貿易，更是將海上絲綢之路的發展推上了頂峰。「加州學派」的著名經濟史專家**岡德·法蘭克**在其巨著《白銀資本》中認為，鄭和下西洋後的幾百餘年間，世界一半以上的白銀，被一種名叫馬尼拉大帆船的交通工具販運至中國，中國成為名副其實的世界貿易中心。大量白銀源源不斷地流往中國，銀本位的世界格局正式形成。法蘭克的觀點推翻了以往的「歐洲中心論」，從海上絲綢之路的角度重新審視東方和中國在世界市場中的巨大作用。

遺憾的是，隨着「鄭和下西洋」以及「隆慶開關」的結束，封建統治者在加強君主集權的同時，在對外交往、國際交流上喪失了主動，變得故步自封、夜郎自大。清朝乾隆年間，英國使者馬戛爾尼來華，向乾隆帝展示西方先進技術和火炮，卻遭到眾多官員的嘲笑和諷刺。西方殖民者在經歷大航海時代後，繼續拓展海洋事業。英、法、荷蘭等新興資本主義國家利用在海上絲綢之路中攫取的巨大利益，加大技術革新的力度，使工業革命率先在西歐出現。馬克思認為，工業革命後西方世界百餘年的生產力，相當於人類兩千年的生產力總和。加州學派著名學者彭慕蘭在其巨著《大分流》一書中，認為中國落後於西方的重要原因是喪失了海上絲綢之路的進取性，不注重新技術的發展，因而逐漸落後。

1840年，英國殖民者的堅船利炮敲碎了清朝官員和士大夫的天朝美夢，中國近代歷史上第一個不平等條約《南京條約》隨後簽訂，中國社會開始淪為半殖民地半封建社會。中國引以為傲的絲綢在工業革命的產物珍妮紡紗機等先進生

安德烈·岡德·法蘭克（1929年－2005年），西方著名學者，世界體系理論的奠基人之一。1929年生於德國柏林，曾在歐洲、北美和拉丁美洲多所大學執教。法蘭克一直致力於世界體系史、當代國際政治、經濟和社會運動的研究，為依附理論代表人物之一。

產工具生產的織物對比下，在市場中喪失了優勢地位。紅頂商人**胡雪岩**傾其所有，在蘇、湖一帶收購生絲，準備與西方殖民者進行競爭，卻在市場的打擊下一敗塗地。中國人在屈辱的近代史中，越來越懷念古絲綢之路所展示出的偉大與輝煌。著名思想家、維新變法運動的先驅**梁啟超**曾說，「鄭和之後，再無鄭和」。這是對古代絲綢之路繁榮的追憶，也是對清王朝喪權賣國的無奈。

胡雪岩

　　「五四運動」後，共產主義思想深入中國，偉大的中國共產黨誕生。中國共產黨帶領全國人民，進行了轟轟烈烈的新民主主義革命，成為中華民族近代歷史復興的起點。中國人民自力更生、艱苦奮鬥，不僅為實現民主、富強、文明的社會主義現代化強國而奮鬥，更為實現中華民族的偉大歷史復興而奮鬥。以研究和探究古絲綢之路為契機，以「和平合作、開放包容、互學互鑒、互利共贏」為核心，中華民族開始在新的征程中書寫壯麗篇章！尤其是改革開放40年來，中國一直致力於亞歐大陸及附近周邊海洋的交通聯繫，加強和亞歐古絲綢之路範圍沿線各國的夥伴關係，倡導實現多元、自主、平衡和可持續的發展，希望通過與別國戰略對接，發

梁啟超

英國畫家所繪《南京條約》簽訂場景

掘市場潛力，通過促進消費和投資增加各國的經濟、文化交流。

2013年9月，習近平主席在哈薩克斯坦納扎爾巴耶夫大學演講時提出，要用創新的合作模式，共同建設地跨歐亞的「絲綢之路經濟帶」，從加強政策溝通、道路聯通、貿易暢通、貨幣流通、民心相通入手，形成跨區域大合作格局，加深同鄰國間的經貿往來。在隨後訪問烏茲別克時，習近平主席指着一幅古絲綢之路的地圖對陪同的時任烏茲別克總統卡里莫夫說：「那裏是西安，西安是絲綢之路的起點，也是我的故鄉。」一個月後，習近平主席在印度尼西亞國會演講時又明確提出，中國致力於加強同東盟國家的互聯互通建設，願同東盟國家發展海洋合作夥伴關係，共同建設「21世紀海上絲綢之路」。習近平主席的這兩次講話，標誌着「一帶一路」倡議的提出。

2015年3月，中華人民共和國發展和改革委員會、外交部、商務部聯合發佈了《推動共建絲綢之路經濟帶和21世紀海上絲綢之路的願景與行動》，「一帶一路」開放程度大大加快，相關49個國家獲得了中國投資。與古絲綢之路相比，「一帶一路」格局發生了巨大的改變。其中北線部分，既有從北美經過北太平洋和日本、韓國，經日本海至符拉迪沃斯托克（海參崴）等地後連接中國東北，然後將蒙古國、俄羅斯和北歐連接起來的線路；又有通過北京向北直通俄羅斯進入德國和北歐的線路。中線則從北京至鄭州、西安，經過烏魯木齊進入中亞阿富汗、哈薩克斯坦後進入匈牙利，最後抵達巴黎。而南線則沿福建泉州、福州，經廣州、海口後進入越南河內，再連接馬來西亞和印度尼西亞，並連接印度加爾各答，穿越印度洋後到達地中海和非洲肯亞等地。而最重要和傳統的古陸上絲綢之路，則從連雲港經過鄭州、西安、蘭

州，從新疆進入中亞五國，然後抵達歐洲。大名鼎鼎的中歐班列，就是延續這條千年以來舊貌變新顏的絲綢之路古道而建設的。

2017年5月14日，習近平主席在首屆「一帶一路」國際合作高峰論壇開幕式演講中指出：「公元前140多年的中國漢代，一支從長安出發的和平使團，開始打通東方通往西方的道路，完成了『鑿空之旅』，這就是著名的張騫出使西域。中國唐宋元時期，陸上和海上絲綢之路同步發展，中國、意大利、摩洛哥的旅行家杜環、馬可·孛羅、**伊本·巴圖塔**都在陸上和海上絲綢之路留下了歷史印記。15世紀初的明代，中國著名航海家鄭和七次遠洋航海，留下千古佳話。這些開拓事業之所以名垂青史，是因為使用的不是戰馬和長矛，而是駝隊和善意；依靠的不是堅船和利炮，而是寶船和友誼。一代又一代『絲路人』架起了東西方合作的紐帶、和平的橋樑。」

截至2018年7月，全球一百多個國家和國際組織已經同中國簽署協議，願意加入「一帶一路」的全球大家庭中，自歐亞大陸，穿越撒哈拉大沙漠，經過中北美的加勒比海，綿延到南太平洋等地。英國著名歷史學家**弗蘭科潘**認為，當習近平主席宣佈「一帶一路」的創想時，意義在於重喚人們對古老繁榮的記憶，世界的軸極正旋轉回那條千年的古絲綢之路。

今天，「一帶一路」已經成為中國與外界聯繫的交通路線代名詞。不過，「一帶一路」並不是歷史上絲綢之路的再現或重建，而是前無古人的一項創舉。從西昌衛星發射中心騰空的巴基斯坦衛星，中國援建塞爾維亞的鋼鐵廠，坦桑尼亞馳騁的中國造火車，埃塞俄比亞熱情工作的中國醫療隊，巴拿馬運河上飄揚着五星紅旗的中國船舶等。駝鈴和桅

伊本·巴圖塔

伊本·巴圖塔（1304年－1377年），摩洛哥學者、大旅行家。20歲左右時，他踏上了一條長達120000公里的旅途。他的足跡幾乎踏遍了當時伊斯蘭世界的每一個國家。在蒸汽時代到來以前，他可能是旅行路程最長的人。

彼得·弗蘭科潘，英國知名歷史學家，牛津大學歷史教授，伍斯特學院高級研究員，牛津大學拜占庭研究中心主任。因他擅長跳出歐洲歷史角度來剖析當代世界格局，而廣受世界主流歷史學界的關注。

杆已不再是這個時代的主旋律，而璀璨悠久的中華文明，堅強、擔當、合作、共贏的價值輸出，在千年絲綢之路的基礎上，攜手其他國家和人民，在實現人類命運共同體的道路上揚帆遠航！

二 坐着火車去歐洲

交通工具與運輸方式的發明與創新，是人類古代社會的偉大進步。司馬遷在《史記》中將王亥（商族的祖先）定義為最早在中國境內進行販運的商人 ——「王亥服（買賣）牛」，據考古資料推測，王亥這位商人的先祖很可能採用步行販運的形式。遠古時期交通工具和運輸方式的落後，極大限制了文明社會的發展。隨着社會生產力的發展，古人逐漸形成了兩種傳統運輸方式：陸運和水運。陸運在傳統交通方式中承擔了重要角色，在陸上絲綢之路上，我們了解到東西方的商人、商隊，大多靠着騾馬、駱駝、大車，翻越塔克拉瑪干沙漠，走過戈壁灘和河西走廊，將貨物販運給需要的人。不僅是商品交易如此，文化交流也受到了交通運輸方式的限制。東漢永平年間（公元58年－75年），漢明帝劉莊派使者西行求法，見到了佛陀的弟子攝摩騰和竺法蘭，大名鼎鼎的《佛說四十二章經》被兩位僧人放在白馬上，萬里迢迢地送到東漢的國都洛陽，才有了白馬寺。前文中我們提到的貞觀年間的高僧玄奘，更是在通往西域的道路上歷經千辛萬苦。大量的葡萄、核桃、胡餅就是在駱駝和白馬的行囊中來到中原，落地生根。

水運也是古代交通重要的組成部分。人們利用大自然形

《佛說四十二章經》是從印度傳到中國來的第一部佛教重要經典著作。攝摩騰、竺法蘭把佛所說的某一段話稱為一章，共選了四十二段話，編集成了《佛說四十二章經》。

漢明帝接見兩位天竺僧人

阿倍仲麻呂（公元698年－770年），漢名晁衡，字巨卿，中日文化交流傑出的使者，日本奈良時代的遣唐留學生之一。因「慕中國之風」不肯離去，於是改名晁衡，長留大唐。公元770年正月在長安辭世，時年72歲。

成的江河湖海，通過舟船將糧食、貨物進行販運，其中最難以征服的就是變幻莫測的大海。漢代以來，海上絲綢之路的勇士們乘風破浪，成為東西方交流的又一支重要力量。尤其是唐代以來，中國革新了航海技術，利用司南和海洋知識，將經濟貿易和文化交流推廣到了大洋彼岸。唐代的鑒真和尚就是乘船到達日本的；日本的留學生**阿倍仲麻呂**，也是乘着小船到達長安城的，並同李白結為了好友。舉世聞名的京杭大運河，為南北經濟、文化交流做出了巨大貢獻。宋代以來發達的海運貿易，為明代輝煌的鄭和下西洋和隆慶開關奠定了基礎。明朝永樂年間，三寶太監鄭和下西洋，擁有當時世界上最龐大的艦隊，被英國學者譽為世界上最偉大的海軍之一。

阿倍仲麻呂紀念碑

但傳統的陸運和海運，還是無法滿足市場的需要。唐代詩人杜牧詩云「一騎紅塵妃子笑，無人知是荔枝來」。唐玄宗之所以動用龐大的人力、物力，在從嶺南到長安的官道上疾馳，就是怕嶺南的荔枝在長途販運中無法保鮮。宋代出使西洋的商船，有很多因風暴沉沒在太平洋和印度洋中。即使到了驛站發達的清代，從京師（北京）到邊遠地區，最快也要15天才能到達。因此交通方式和交通工具也是決定社會發展和文明程度的重要標誌。

工業革命的風暴席捲了整個近代世界，蒸汽機成為改變世界的巨大力量。1804年，英國礦山工程師特里維西克，利用瓦特的蒸汽機製造出世界上第一台蒸汽機車，其速度只有每小時5公里。1817年，英國工程師**斯蒂芬森**主持修建從利物浦到曼徹斯特的鐵路線，完全使用蒸汽機作為動力，製造出使用木頭和煤炭作為內燃動力的機車，因此被稱為「火車」。但這個時期的火車並不是在鐵軌上奔跑的，真正在軌道上奔跑的火車直到1840年才面世。火車的發明，大大加快了文明的進程，對世界產生了巨大影響。1865年，英國商人曾在北京城外修建了一條0.5公里的鐵軌，並在上面試運行火車。由於火車發出巨大的轟鳴聲，嚇壞了當地官員和百姓，慈禧太后下令將其拆除。1876年，上海出現了中國境內由外國商人修建的第一條鐵路 —— 吳淞鐵路。1881年，唐胥鐵路（唐山—胥各莊）成為中國自己製造的第一條鐵路。由於晚清政府腐敗，列強紛紛逼迫清政府借款在境內修築鐵路，爭奪中國資源，鐵路也成為近代愛國人士反帝、反封建的武器。中華人民共和國成立後，鐵路在中國迎來了嶄新而高速的發展。中國共產黨帶領全國人民自力更生、艱苦奮鬥，取得了可喜的成績。尤其是改革開放以來，中國鐵路和列車技術飛速發展，截至2019年，中國營運鐵路13.9

斯蒂芬森

吳淞鐵路

唐胥鐵路

萬公里，居世界第二；其中高速鐵路3.5萬公里，居世界第
一。這其中有一列特別的列車，馳騁在絲綢之路的廣袤大地
上，這就是中歐班列。

　　中歐班列是指按照固定車次和線路運行於中國與歐洲，
及「一帶一路」沿線國家的國際鐵路班列，以貨運集裝箱為
主。中歐班列共分為三個大的方向：西部通道從中國中部
城市出發，經西北至阿拉山口或霍爾果斯出境；中部通道則
由中國華北城市向北經內蒙古二連浩特出境；東部通道則由
中國東南沿海城市出發，經中國東北至滿洲里、綏芬河一帶
出境。2011年3月，第一列中歐班列從中國重慶開往德國杜
伊斯堡，為渝—新—歐國際鐵路。隨後，鄭州、成都、武
漢、廣州、蘇州等城市也相繼開通前往歐洲的班列。其中
重要的如重慶到杜伊斯堡線路，其班次佔全國中歐班列的
45%，將重慶本地的IT產品、特色食物、汽車零件源源不斷
地運往歐洲。還有從成都出發至波蘭羅茲的中歐班列，全
程近10000公里；從鄭州出發，到德國漢堡的中歐班列全程
10245公里，運行時間約15天。貨源主要來自河南、山東、
浙江、福建等中東部省市。貨品種類包括輪胎、高檔服裝、
文化體育用品、工藝品等。最長的一條中歐班列是2014年

11月18日首發，從中國浙江義烏到西班牙馬德里，全程共13052公里。其線路與古陸上絲綢之路大體相同，貫穿新絲綢之路經濟帶，從新疆阿拉山口出境，經哈薩克斯坦、俄羅斯、波蘭、德國、法國後抵達西班牙首都馬德里。2016年9月8日，從中國青海西寧首發至比利時安特衛普的中歐班列，運輸藏毯、枸杞等青海特色產品。截至2018年8月，中歐班列累計開行突破10000列，國內開行城市達48個，覆蓋歐洲14個國家42個城市。

中歐班列是「一帶一路」的重要組成部分，是新的運輸方式和交通工具馳騁在歐亞大陸上的偉大創舉。細微的駝鈴聲漸漸走遠，巨大的轟鳴聲接踵而至，由鋼鐵列車組成的「超級駝隊」載着「made in China」商標的貨物，將中國人民的汗水、歡笑和友誼，源源不斷地送往「一帶一路」沿線各國。而搭運在中歐班列上的各種貨物，也開始由最早的小商品和電子產品，逐漸豐富到紡織品、汽車配件、家具和民俗工藝品等。漢堡大學的克萊爾同學特別喜歡中國開封的「汴繡」，如今她可以拿着這些精縫密織的工藝品送給她的同學；俄羅斯聖彼得堡的出租車用上了中國產的輪胎；馬德里的Royal酒店開始用上了東方的紅木家具；比薩斜塔外的小商店裏，到處可見中國製造的打火機、撲克牌。這些「鋼鐵駝隊」馳騁在「一帶一路」沿線各國，進一步增強了這些國家打造利益共同體、責任共同體和命運共同體的意識，有力促進了沿線國家的經濟社會發展。

在不遠的將來，隨着中歐班列的進一步發展，隨着「一帶一路」體系的不斷擴大，中歐客運只是時間問題。自2010年開始，不少中國遊客就能從上海、北京、廣州等地購買歐洲客運列車的車票，這在十幾年前是不敢想像的事情。「一帶一路」沿線國家開始對中國居民簡化旅遊簽證，一些國家

汴繡，中國傳統刺繡工藝之一，歷史悠久，素有「國寶」之稱，以繡工精緻、針法細密、圖案嚴謹、格調高雅、色彩秀麗而著稱，早在宋代就已馳名全國。汴繡起源於河南開封，因開封古稱汴，故名「汴繡」。

甚至對中國遊客採取落地簽制度。在不遠的將來，外國遊客
將沿着這條絲綢之路來到中國參觀巍峨的長城，品嚐四川的
麻辣火鍋，欣賞南方的園林建築；而中國遊客將到莫斯科郊
外欣賞美麗的斯拉夫音樂，來到艾菲爾鐵塔和羅浮宮，到中
亞去騎乘「汗血寶馬」，中國人坐着火車看遍歐洲，在「一
帶一路」的偉大倡議中走得更遠！

◎ 責任編輯：梁潔瑩
◎ 裝幀設計：鄧佩儀
◎ 排　版：鄧佩儀
◎ 印　務：劉漢舉

陸上絲路百科

吳志遠　著

出版 | 中華教育

香港北角英皇道 499 號北角工業大廈 1 樓 B 室
電話：(852) 2137 2338　傳真：(852) 2713 8202
電子郵件：info@chunghwabook.com.hk
網址：http://www.chunghwabook.com.hk

發行 | 香港聯合書刊物流有限公司

香港新界荃灣德士古道 220-248 號荃灣工業中心 16 樓
電話：(852) 2150 2100　傳真：(852) 2407 3062
電子郵件：info@suplogistics.com.hk

印刷 | 美雅印刷製本有限公司

香港觀塘榮業街 6 號海濱工業大廈 4 字樓 A 室

版次 | 2022 年 11 月第 1 版第 1 次印刷
© 2022 中華教育

規格 | 16 開（230mm x 170mm）

ISBN | 978-988-8808-89-2